政府−NPO関係の理論と動向
― 日・英・米におけるパートナーシップ政策を中心に

廣 川 嘉 裕 著

関西大学出版部

【本書は関西大学研究成果出版補助金規程による刊行】

はしがき

　本書は、筆者による過去約10年間のNPO研究の成果を1冊の書籍にしたものである。初出などについては「はじめに」の中で明記しているが、収録をお許しいただいた各出版社および関西大学法学研究所の皆様方には厚くお礼申しあげたい。

　本書を作成するまでに、多くの方々にお世話になった。関西大学名誉教授の土倉莞爾先生には、関西大学法学部に着任以来さまざまなことで相談にのっていただくとともに、研究会（読書会）や出版の企画などでご指導いただいている。また、これまでの研究成果を単著としてまとめるよう励ましていただき、今回の出版企画申請の際には推薦文をいただいた。大阪商業大学の初谷勇先生には、同じく今回の出版企画申請の推薦者になっていただくとともに、草稿を丹念にお読みいただき懇切なコメントをいただいた。筆者の力不足でいただいたコメントを活かし切ることができなかったが、今後の執筆にあたっての課題とさせていただきたいと考えている。なお、当然のことながら、本書に不備や誤りがあればそれは全て筆者の責任である。

　早稲田大学の縣公一郎先生、藤井浩司先生には、学部のゼミと講義、そして大学院の講義および研究指導でお世話になるとともに、早稲田を離れた後も出版の企画にお誘いいただき研究成果をまとめる機会をいただいている。東北大学の西岡晋先生をはじめとする大学・大学院時代の先輩方にも、出版の企画などにお誘いいただき大変お世話になっている。勤務先である関西大学の先生方、とりわけ法学部政治学パートの先生方には、日頃から温かくご指導いただいている。最後になるが、関西大学出版部出版課の皆様方には、企画から刊行まで懇切にサポートしていただいた。厚くお礼申しあげたい。

平成29年5月18日

廣　川　嘉　裕

はじめに

　本書は、筆者が関西大学法学部に着任してから執筆の機会をいただいたNPOに関する原稿、特にその中でもNPOの政治的・社会的機能や長所・短所といった特質、そしてNPOと政府・行政との関係に関連するものを執筆した順に集めたものである。初出や使用した原稿は以下の通りである。

・廣川嘉裕（2007）「NPOと行政」藤井浩司・縣公一郎編『コレーク行政学』成文堂。（第1章）

・廣川嘉裕（2008）「公共政策の実施過程における政府－NPO関係に関するモデル～イギリスにおけるコンパクトの事例を中心に～」政策形成研究班『政策形成の新展開』（関西大学法学研究所　研究叢書　第38冊）、関西大学法学研究所。（第2章）

・廣川嘉裕（2010）「日本におけるNPOと行政の連携・協働の現状と課題—NPOへの事業委託とNPO支援のあり方を中心に—」政策形成研究班『政策形成における価値の生成と変容—小泉政権以降の展開—』（関西大学法学研究所　研究叢書　第42冊）、関西大学法学研究所。（第3章）

・廣川嘉裕（2012）「NPOと行政の協働」片木淳・藤井浩司編『自治体経営学入門』一藝社。（第4章）

・廣川嘉裕（2016）「NPO　政治的・社会的機能の維持・発揮のための方策」縣公一郎・藤井浩司編『ダイバーシティ時代の行政学—多様化社会における政策・制度研究』早稲田大学出版部。（第5章）

・廣川嘉裕（2016）「市民社会の組織（NPO・NGO）—その特性と役割、および課題—」土倉莞爾・廣川嘉裕・大村和正・大藪俊志・森田吉彦『現代政治の理論と動向』晃洋書房。（一部の内容を本書の各章に盛り込む形で使用）

　本文に関しては、一部の章を除いて内容を大きく変えることなく基本的な部分はほぼそのまま残している。そのため、重複するような内容の記述や細

かな点では整合性がとれていないように見える記述があるかもしれない。また、記述の順序を入れ替えた方が読みやすくなっていた箇所（章）も一部あるかもしれない。この点に関しては、本書を一冊の体系的な書物としてうまくまとめることができなかった力不足を反省している。

　しかし、本書を通して言いたかったことを列挙すると概ね以下の通りである。
・政府とNPOの関係は、一方の役割が大きくなればもう一方の役割が小さくなる（もう一方の役割を小さくしてもよい）ものではなく、NPOの成長・発展において政府からの（資金をはじめとする）支援は大きな役割を果たしている（主に第1章第2節、第4章第2節）。
・NPOはサービスの供給において、政府・行政と比べた際にさまざまな強みを発揮しうるが、当然ながらNPOだけでは現代の社会問題に対応することは困難（不可能）である。そのため、非営利セクターは政府セクターとパートナーシップを築いて活動することが重要となる（主に第1章第3節、第4章）。
・政府セクター（政府・行政）と非営利セクター（NPO）が関係を持つ際には、資金面などで優位に立つ政府セクター（政府・行政）の側が非営利セクター（NPO）に優越した形で影響力を行使する関係になる可能性がある。これによって、NPOのもつさまざまな長所や機能が損なわれてしまう可能性があるので、政府セクター（政府・行政）も非営利セクター（NPO）も、NPOがもっているさまざまな長所や機能を可能な限り発揮する形で関係を取り結ぶための意識的な取り組みが必要となる（主に第1章第3節、第4章第4節）。
・政府セクター（政府・行政）と非営利セクター（NPO）の不均衡な関係がもたらす弊害を抑制するための試みとしては、両者があらかじめ留意すべき事項について協議・合意の上でそれをルール化するという方法がある（主に第1章第4節、第2章）。
・イギリスや愛知県などでは、政府セクター（政府・行政）と非営利セク

ター（NPO）との関係に関するルールが設けられ、一定の成果をあげている。ただし、それはあくまで法的拘束力のない約束事であるため、その運用においても両セクターによる意識的な関係改善のための取り組みが重要となる（主に第1章第4節、第2章）。

・政府・行政とNPOが事業委託や補助といったかたちで公的資金を使用する事業を行う際には、（NPOの特性の発揮という視点とともに、）オープンで公正な制度、適正な費用の負担、説明責任の遂行などという形で政府・行政とNPOがともに責任を果たしていくという取り組みが必要である（主に第1章第4節、第2章、第3章）。

・NPOには、政府・行政の下請け化してその特性や政治的・社会的機能を喪失する危険性だけでなく、過度な商業化（営利企業化）によってその特性や政治的・社会的機能を喪失する危険性もある。この問題の背景にも政府・行政の資金提供のあり方が大きな要因として存在するため、政府・行政がNPOを安上がりの行政の手段として利用しないようにすることが重要であるが、同時にNPOセクターの側でも自らの固有の機能や社会的価値を適切に把握し、それを維持・発揮していくための自覚的な取り組みが課題となる（主に第5章）。

目　次

はしがき……………………………………………………………………… i
はじめに……………………………………………………………………… iii

第1章　政府－NPO関係論の基礎的枠組み
　　　　〜アメリカおよび日本における理論と実践を中心に〜 ……… 1
　1.「NPO待望論」の落とし穴 ………………………………………… 3
　2. 政府－NPO関係論の系譜とNPOの機能…………………………… 5
　3. 協働の必要性と行政・NPO双方の課題…………………………… 10
　4. 日本における協働のルール構築の試みと協働における課題 …… 18

第2章　イギリスにおける政府－NPO関係の展開
　　　　〜委託契約の浸透とその後のコンパクト策定を中心に〜 …… 23
　1. 問題意識と研究の対象 ……………………………………………… 25
　2. 委託（契約）のボランタリー組織への影響 ……………………… 27
　3. 新たな政府－NPO関係のためのコンパクトの策定 ……………… 31
　4. コードとローカルコンパクトの策定 ……………………………… 35
　5. イギリスにおけるNPO政策の転換の意義と日本への影響 ……… 42

第3章　日本におけるNPOと行政の連携・協働の現状と課題
　　　　〜NPOへの事業委託とNPO支援のあり方を中心に〜 ……… 47
　1. 日本におけるNPOと行政の連携・協働に関する動向 …………… 49
　2. 協働の可能性と現時点における協働事業の問題点 ……………… 53
　3. 協働に関するモデルと事業委託におけるポイント ……………… 59
　4. NPO支援におけるポイント ………………………………………… 66
　5. 協働事業をより有意義なものにするための課題 ………………… 74

第4章 NPOの特質と「協働」論 ……………………………… 79

1. 本章の課題 ……………………………………………………… 81
2. NPOに関する理論 ……………………………………………… 83
3. 政府（行政）− NPO関係の理念と実際 ……………………… 90
4. 協働のためのポイントと制度 ………………………………… 96

第5章 NPOの政治的・社会的機能とその維持・発揮のための方策 〜「行政の下請け化」と「NPOの商業化」への対抗に向けた理論と取り組みを中心に〜 ……………………………… 101

1. 問題意識と本章の検討対象 …………………………………… 103
2. NPOの政治的・社会的機能 …………………………………… 105
3. NPOの政治的・社会的機能にとっての脅威 ………………… 109
4. 「行政の下請け化」と「NPOの商業化」への対抗に向けた理論と取り組み ……………………………………………… 115
5. 残された課題 …………………………………………………… 121

まとめにかえて……………………………………………………… 123
参考文献……………………………………………………………… 131
索引…………………………………………………………………… 143

第1章

政府－NPO関係論の基礎的枠組み
～アメリカおよび日本における理論と実践を中心に～

1.「NPO 待望論」の落とし穴

　高齢社会の到来や財政難などによって非営利組織（NPO）[1]の役割が注目されるようになっている。しかし、行政がこれまで担ってきた役割、あるいは行政が果たすべき責任を肩代わりさせるために NPO を奨励しようとしているのであれば、それは問題であるといえよう。

　近年行政サービスの民営化・民間委託などが盛んに議論されているが、NPO の活動範囲が広がったからといってその分行政の役割や関与が減少する、あるいは行政の役割や関与を減少させてもよいと考えるのは適当ではない。むしろ行政は、さまざまなところでこれまで以上に大きく関わってくる可能性もある（田尾 2001：163）。

　社会福祉の領域で近年盛んになっている福祉多元主義の議論は、もはや社会福祉は国家のみによって担われるべきでなくそこに多様な供給主体の存在が認められるべきであるということを示した。しかしこの議論は、単純に国家の役割を否定するのではなく、国家は他の部門との関係の中で多様な役割を果たしうることを示唆している。このように、さまざまな主体を含めて総体としてどのようにニーズを満たすかという視点から捉えることが共通認識となりつつある（渡辺 2000：172）。

　現在、多くの自治体が NPO を公共サービス供給の重要な担い手と位置づけ、NPO との連携・協力によって住民ニーズを満たしていこうとしている。

1　NPO とは、Non-Profit Organization を略したものであり、直訳すれば「非営利組織」となる。なお、ここでいう「非営利」とは、組織の主な目的が経済的な利益の追求ではないということである。ちなみに、NGO とは、Non-Governmental Organization の略で、「非政府組織」と訳される。多くの議論では NPO も NGO も共に民間の営利を目的としない組織を指すが、特に「非営利性」を強調する NPO に対して NGO は特に「非政府性」を強調する意味合いがあり、開発援助や難民の救援、環境など国境を越えた問題で活動する組織をさす場合が多い（雨森 2012：11-15）。そこで以下本書では、煩雑になることを避けるため基本的に「NPO」という表記を使用することにする。

しかし、行政とNPOの公共サービスに対する関わり方や両者の関係のあり方によっては、十分な公共サービスを提供できなくなる可能性やNPOの長所を活かせなくなってしまう可能性があるため、行政にとってもNPOにとっても注意が必要となる。

そこで本章では、まず理論学説を概観して、NPOと政府・行政はどちらかが大きくなればどちらかが縮小するわけではなく、また互いに代替しえない独自の役割をもつため両者は一方が他方に取って代わるのではなく協力して活動する必要があることを指摘する。そしてその上で、NPOの長所を活用し、社会全体のサービスを充実させるとともに社会をより活力あるものにするために、両者はどのように協働していく必要があるか、行政とNPOはどのようなことを心がける必要があるか、ということについて検討したい。

2. 政府 – NPO 関係論の系譜と NPO の機能

競合パラダイムと制度選択論

　従来の政府 – NPO 関係に関する議論においては、「競合パラダイム」とよばれる見方が主流であった。競合パラダイムは、政府と NPO の関係をゼロサムゲームのようにみなし、一方の拡大が他方の縮小をもたらすと考える。こうした考え方は、右派・左派の両方に見られる。

　まず保守主義者は、国家（政府）の拡大はボランタリー組織を含む媒介組織を弱体化させ、現代社会においてアノミーをもたらしたと主張する。彼らの研究は、国家の役割の拡大につれて NPO の役割は低下してきたということを前提としている。そのため、サービスの供給主体としては問題の大きくなった国家に代わる社会福祉の供給者として期待される NPO の活動にとって、国家は阻害要因であると見なされた。また、逆に NPO の活動が活発になれば国家の役割は縮小すると考えられた。

　他方において左派の中で福祉国家を支持する人々は、実効性のないボランティアに対する信仰が全ての人にとって権利として利用できる真に効果的な公共サービス供給体制の阻害要因になると主張した。つまり、リベラル派は、政府によるサービスの供給を正当化するためにボランタリー組織に対する不信を示さなければならなかったのである。

　また、左派の中には、ミドルクラスの専門家に支配された現代福祉国家は真に困っている人のニーズから乖離したり、また草の根の組織による活動や互助的な活動がもたらすエンパワーメントを阻害するという議論もある（Gidron, Kramer and Salamon 1992：5；藤田 1998：240-241；田中建二 1999a：161-162）。

　いずれにせよ、こうした議論の中では国家活動と NPO の活動の間に対立関係が想定され、両者の協働関係、相乗関係は想定されていなかったと言っ

てよい。

　主に経済学者は、「制度選択論」から政府と NPO の関係を説明している。これは、なぜ企業や政府ではなく NPO という制度が人々によって必要なものとして選択されるのかを分析するアプローチである（藤井 1999：184）。制度選択論は、市場によっては担えない集合財の供給主体としてまず政府を想定し、それでは満足しない人々のニーズを満たす主体として非営利セクターを登場させている（北島 2002：252-254）。

　その代表的論者であるワイズブロッドによれば、政府が提供するサービスの質と量は投票によって選ばれた議員が決めることになるので、それは結果的に議員を選ぶ投票者（住民・国民）の中でも多数を占める、平均的な態度を持った人々（「中位投票者」）のニーズに応じて決まることになり、中位投票者とは異なるニーズをもつ人にとっては不満なものとなる。そこで、その穴を埋める存在として NPO が現れると想定されるのである。したがって、ワイズブロッドらによれば、行政サービスに対するニーズが画一的である場合には NPO がサービスを提供する必要性や余地は少なく、人々のニーズに多様性のある社会では NPO によるサービス供給が活発になる、ということになる（Weisbrod 1977：51-77；川口 1994：24-28）。

アメリカにおける政府－ NPO 関係と NPO の独自的機能

　以上のように、政府と NPO は互いに対立するもの、あるいは NPO は不十分なサービス供給主体である政府のオルタナティブとしてサービスを供給する主体であるとされてきた。

　しかしながら、経験的な観察によって政府と NPO の間には幅広く、長い歴史をもつ協力関係・相互支持関係が見られることが明らかになった。その結果、競合パラダイムは現実を正確に描いていないことが指摘されるようになってきたのである（藤田 1998：241）[2]。

2　競合パラダイムと、これに対するパートナーシップ・パラダイムについては、↗

アメリカにおける政府とNPOの関係を歴史的背景の中で見てみると、政府とNPOは社会的なニーズの処理において競合関係というよりも協力関係にあり、また政府・行政がNPOの活動を促進するように関わってきたという事実に行き当たることになる。

　アメリカにおいては、建国当初、さらには植民地時代から政府とNPOとの間にパートナーシップが存在した。独立戦争以前には、植民地政府によって私立学校の支援が行われた。また19世紀後半に都市化と産業化に伴って発生した社会問題の解決において、政府は必要なサービスの提供をNPOに頼ったことがあった。世紀の転換期には、社会サービスにおける州や地方政府の関与の拡大につれて、より広範なサービスを供給するためにNPOへの公的資金の流れが増大した。その後も政府による福祉プログラムは拡大したが、このとき政府支出の増大は民間非営利セクターを〈肩代わりする〉というよりはむしろ〈助長する〉形で行われたのである（田中建二 1999a：171-172）。

　1995年には、非営利セクターの収入における公的補助の割合は約3割を占め、民間の寄付よりはるかに大きな財源となっている（サラモン 1999：資料編52）。アメリカにおいては政府財源の増大とともにボランタリー組織も成長したのであり、こう見ると政府とNPOのどちらが大きくなればどちらが小さくなるとは言えない。

　また、NPOの機能は、単に行政の隙間を埋めるだけではない。

　もちろんNPOには、行政サービスに満足しない人々のニーズを満たすという側面もある。例えば、NPOは行政に比べて迅速かつ柔軟にサービスを提供しうる。なぜなら、通常行政サービスを受けるには厳格なルール上の要件や制約が存在するため（Douglas 1987：49-50）、行政は問題に応じて柔軟な対応をすることが困難であるうえ、その行動に煩わしさ、対応の遅さなどがつきものとされるが（サラモン 1994：26-27）、NPOはこのような制約からは比較的自由であるからである。また、教育サービスなどにおいては、均

↘　初谷（2001：106以下）も参照。

質的な行政サービスを受けることに満足しない人々はNPO（私立学校）の提供するサービスが自らの選好と合致すれば、行政サービスよりもNPOの提供するサービスを選択することもある。

　しかし、NPOの機能はそれだけではない。NPOには、採算ベースに乗らなかったり行政が行うと税金の無駄遣いになると非難される可能性のあるようなリスクを含むプロジェクトに対してもあえて挑戦し、特定分野のパイオニアとして新しいアイデアや事業の開発ができる、つまりサービスの革新ができるという「イノベーション機能」もある（浅野 1999：38）。

　さらには、NPOは問題を抱え対応が必要な人の存在に政府・行政が注意を向けるよう促したり、現行の政策の不備を指摘するなど「アドボカシー」をすることもできる。アドボカシーには、自ら政府・行政に対して発言することが難しい人の主張を代弁し、その人たちに関心を向けさせるという側面と、自分たちが良いと思う政策を提案するという側面がある。

　例えば、ある特定の集団に関する政策領域に含まれる問題を綿密に調査し、そこでのニーズおよび諸問題についての政府の見解に対し異議を唱えるグループもある。市民グループなどが政府によって提案された政策に対してコメントや代替案を出したり、新しい立法をたえず監視することもある（ジョンソン 2002：205-206、208）。また、アドボカシーには、サービスを提供しているグループが活動をしていく中で気づいたことについて政策的な働きかけ（提言）を行う場合もあるだろう。

　NPOのアドボカシーは、政府にとって貴重な情報源になりうる。確かに一般市民は専門家のようには必要な知識を持っていないために、自分で直接判断を下すことはできないかもしれない。しかし、自分たちで別の専門家を見つけて雇い、既存の専門家の判断に異議を唱え、別のテストや評価基準を提案することは可能である。今や市民は専門家や職業政治家と向き合えるだけの情報を手に入れるようになってきているため（バッジ 2000：106-111）、政府と異なる独自のアイデアをもった市民の参加を促すことでより効果的な政策を生むこともできるのである。現に、アメリカにおいては数億ド

ルもの費用の節約になるような経済的に有益な提案も行われたとされている（岡部 2000：159-160）。

第1章　政府−NPO関係論の基礎的枠組み

3. 協働の必要性と行政・NPO双方の課題

NPOの問題点と行政の役割

　前節で指摘したように、NPOは多様な機能を果たしているが、NPOには弱点も指摘されており過度に期待することはできない。

　サラモンはNPOの短所・欠点、すなわち「ボランタリーの失敗」として4つの問題点を指摘した。まず第一に、NPOの不十分性という問題である。NPOは、強制的に税金を徴収できる行政機関と異なってサービスを生み出すための資金や労働力を強制的に集めることができない。そのため、当然のことながら寄付やボランティアに頼る部分も大きいNPOだけでは現代において全ての人のニーズを満たすには不十分である。また、寄付などはその時の経済状況に左右される可能性があるとともに、ボランティアが活発な地域は本来ボランティア活動が起こらなくても済むような豊かな地域であり、問題を抱え、寄付やボランティアをも動員した解決が望まれる地域には寄付やボランティアをする余裕のある人が少ない可能性が高いという問題点もある。

　第二に、NPOには偏重性という問題点がつきまとう。NPOは共通の関心事と目的のために人々が自発的に結成する組織であって、その組織がどのような行動をとるか、誰に対してサービスを供給するかということは参加者（寄付をする人や実際にそこで活動する人たち）の共通の価値観、つまりこの人たちが何を重要な問題であると考えるかということによって規定される場合が多くなる。そのため、NPOは、宗教や地域、関心などが同じ人や、そのグループが注目した人たちにしかサービスを提供しないかもしれない。これでは、ある特定のニーズや対象者に対処する同じようなグループが多くできて重複と無駄が生じる一方で、その対極にあるニーズは注目されず、対応がなされない可能性がある。

三番目の問題が、温情主義、パターナリズムといわれるものである。仮に社会サービスが提供されるとしても、その援助が権利ではなく慈善に基づくものになるとすれば、サービスを利用する人たちの依存性を強めて自立の機会を奪うことにもなりかねない。

最後に、NPO は、アマチュアが中心を占めている場合が多いという点もある。NPO は、資金的な問題から専門的な職員を集めるのが困難である。そこで NPO ではアマチュアのボランティアが大きな役割を果たすことになるが、現代の社会問題はアマチュア中心で取り組むには複雑なものになっている（Salamon 1987：111-113；田中弥生 1999：44-49）。

こうした NPO の問題は、政府の強みによってカバーすることができる。まず、資源が不十分な NPO に対して行政機関は税というかたちで強制力を伴う安定的で大規模な資金調達能力をもっている。また、行政がサービスを提供する際の大きな基準は公平性であるため、特定のグループに供給されるサービスが集中する可能性がある NPO と比較すると対象から漏れる人は少なくなる。行政のこうした特性によって、NPO がサービスを提供する際の不十分さや偏重性がカバーされる。

さらに、行政サービスは〈慈善〉ではなく認められた〈権利〉に基づいて受けることができるうえ、行政には継続的に社会問題の解決に携わってきた専門家によるサービスの提供が可能である。これらは NPO のパターナリズム、アマチュアリズムを補完しうる行政の強みであるといえよう[3]。

---

3 ボランタリーの失敗の中でも、問題への対応が素人的になることに対しては、政府・行政による品質管理の基準の設定によって対応することもできる（サラモン 2007：51-57；後 2009b：8-9 参照）。
　なお、他の章で論じるように、NPO の中には特定分野について高い専門性を備えたものもあれば、社会問題の当事者のエンパワーメントを行うものもある。これについては、サラモンのいうボランタリーの失敗は、必ずしも全ての NPO が陥っているものではないということ、つまりサラモンの理論は NPO（非営利セクター）の特性（弱点）を大きくとらえたものであり、実際の NPO にはさまざまな組織が存在する（しうる）、ということをひとまず指摘しておきたい。また、NPO が自らの関心に沿って活動するのはある意味当然のことといえる。し↗

また、政府・行政は上記のような特徴を備えたサービスを提供するだけでなく、先に述べたようにNPOが活動するための財源を調達する機能を持っている。

こうした特徴をもったNPOと政府・行政が協働すれば、一方においてNPOの活動によって社会の多様なニーズに対応することが可能になる。また、問題解決における時間的なコストが削減され、迅速な対応ができるようになる。さらには、サービスの革新もなされる。サービスを必要としているのに、まだ認知されていない人々の掘り起こしも可能になる（田尾 1999：196-197）。NPOによる政策調査・研究・提言活動によって、政策の質が向上する可能性もある。他方で、政府・行政によって、基礎的なサービスが提供されるとともに、NPOの活動基盤が整備される。

このように、NPOと政府・行政は互いに代替することが困難な独自の機能を備えているのであって、両方が重要であるといえる。そのような両者は、互いに取って代わるのではなく当然協力して活動するのが有効であるということになる。

行政側の課題

以上のように、現代においてはそれぞれに異なる特性をもったNPOと行政がパートナーとして協力して社会全体のサービスの向上に関わっていく必要があるといえる。

それでは、その際に行政とNPOが認識すべき課題はどのような点であろうか。ここからは、行政とNPOのこれからの関係において注意すべき点を論じたい。まず行政の側が心がける必要があるのは、補助金などの支援策を

かしながら、NPO（非営利セクター）のみでは現代の社会問題の解決は困難であり、NPOと政府・行政との連携がNPOの問題解決能力、社会全体としての問題解決能力を高める可能性があるということを指摘するうえで、サラモンの議論は大きな意味を持っている。

使ってNPOに対するコントロールをしようとしたり、NPOに対してあまりにも細かく特定の組織形態を押し付けたりするべきではないという点である（伊藤修一郎 1997：117-118）。既に述べたように、NPOの長所は柔軟性・迅速性・先駆性や多様なサービスを提供できることである。その可能性をつんでしまうということは、結局NPOを単なる安上がりの行政の手段にしてしまうことになる。

　そのためには、行政の側にいる人々が態度や行動様式を変えることが重要になってくるであろう。行政職員の態度や行動様式の変革に対しては、職員の教育研修ということもあるが、行政過程の中でNPOの活動に触れ、視野を広めるといった経験も有効であるといえる（古川 2004：167）。

　次に行政の側が注意すべきなのは、行政に対して異議申し立てを行うようなNPOのアドボカシー的機能（代弁・政策提案など）を否定すべきではないという点である。なぜなら、こうしたNPOのアドボカシーこそが行政に対して困難な問題（解決すべき社会問題）を直視させ、取り組みを促してくれるからである。NPOのアドボカシーは、行政にとって貴重な情報源であるといえる（伊藤修一郎 1997：115-117）。

　この観点からすれば、NPOを支援する際も「NPOの独立的な活動を保障することが最も重要であり、政府に批判的なNPOにも適用される形での活動基盤の整備がなされることが望ましい。とくに、与党が野党に近いと見られるNPOをも含めて支援するような政策を認めるかどうかは、民主主義の成熟度を示すもの」（後 2001：34-36）ということになろう。

　行政と方向性が一致するNPOのみを協働相手や支援先とすれば、市民オンブズマンのような団体よりも公益に資する度合いが劣っていても行政と同じ方向を向いた団体に限られた資源が振り向けられ、豊かで活力ある社会につながらない可能性がある（毎熊 2005：148-149）。その意味で、NPO本来の社会的役割を発揮させ、公共利益をよりよく実現するためには、「行政に都合のいいNPOだけを選んで支援するというわけにはいかない」（世古 2005b：16）といえよう。

第1章　政府－NPO関係論の基礎的枠組み

　また、行政は自らの責任を放棄すべきでないということも指摘する必要がある。既に示したとおり、NPO には、ボランタリーの失敗（不十分性、偏重性、温情主義、アマチュア中心性）があるため、それだけでは十分な公共サービスの供給はできない。また、アメリカにおける事例で見たように、政府が NPO の活動を支援してその発展に貢献してきたという事実もある。ところが、近年アメリカでは行政からの資金の減少で、サービス提供活動を行う組織は組織存続のために財政基盤の強化をめざして無料で提供していたサービスを有料化したり、クライエントの自己負担の比率を増加させるとともに、そのようなサービスの有料化に対応しうる中流以上の市民に対象者をシフトし、低所得層に対する援助を減少させているとされる。こうした有料サービスの領域には営利組織も参入しており、NPO でも顧客獲得のために営利組織で成功したマネージャー等による経営やトレーニングを施した有給職員による統制のとれたサービス提供が好まれ、不確定要素の多いボランティアの参加できる余地が減少しているとも言われているのである（須田 2004：22-23）[4]。これは、行政が自らの役割を十分果たさなければ NPO が〈営利企業化〉し、その独自性や社会的意義が損なわれてしまうことを示す事例であるといえよう。

　このような NPO の特性や NPO－行政関係のあり方を考慮せず、市民活動の領域が拡大して NPO が活躍すればそれに比例して単純に行政の責任が減るという見方は「幻想」であり、市民活動・市民参加に過度に期待するあまり行政責任を自主的に抑制するということは避けなければならない（毎熊 2005：144-145）。

NPO 側の課題

　行政にとっての注意点をあげた以上、もう一方のアクターである NPO の

---

[4] こうした NPO の傾向は、収益をその組織本来の使命にかかわる事業や慈善的な事業に使用することを困難にし、NPO の独自性を損なう可能性もある。

課題もあげておかなければならない。まずいえるのは、行政に取り込まれることによって自らの強みである先駆性・柔軟性といった特性やアドボカシーなどの役割を失うべきではないということである。

　行政事務のNPOへの委託を受けることは、NPOの下請け化につながる可能性がある。日本の特定非営利活動法人に関する調査によれば、「今後行政等からの事業委託を受けるとした場合の予想されるマイナス面」として、「自主事業の展開がおろそかになること」（41.0％）、「財政運営が受託事業収入に依存的になること」（35.8％）、「物理的に組織内部のリソースが過度に疲弊・消耗すること」（25.0％）、「組織内部の合意形成や意思決定において効率性が優先されること」（20.8％）、「行政等に対して緊張関係を作りにくくなること」（18.7％）、「ミッションの観点では優先度の低い活動を展開すること」（15.6％）などが懸念されている。

　そのため、NPO自身も「事業委託の際に考えられるマイナス面を抑える方策として重要なこと」として主に次のようなことを考えている。「資金調達元を増やし自主財源（自主事業収入、会費収入、寄付収入等）を豊かにすること」（45.9％）、「自主事業を意識的に展開すること」（38.7％）、「行政等に対するアドボカシー（政策提言等）を意識的に展開すること」（35.2％）、「組織として事務処理能力を強化したりそのための体制を整備すること」（33.6％）、「組織として行政に対する対応の仕方や考え方の原則を決めること」（23.5％）、「NPOセクター全体として連携を強め行政等と対峙していくこと」（17.8％）（市民フォーラム21・NPOセンター 2003：55-56参照）。

　このように、NPOは自主財源の確保を大きな課題と位置づけている。とはいえ、自主財源の調達にとらわれるあまり本来の目的を見失わないことが必要である。

　非政府資金の主要な調達方法には、会費、寄付、イベントの開催や料金収入、投資利益、施設や設備の賃貸収入などの営業収入があげられる。このような非政府資金の調達はNPOの自由な活動を可能にし、政府との間での交渉力を強める可能性があるが、本来サービス提供に使うべき時間やスタッフ

をイベントに使ってもよいのかという問題がある。また、サービス料金の比重増加やミッションと無関係なビジネスなどによって、NPO が営利企業に接近するという議論もある（後 2003：25）。

このような形であってもそれぞれの NPO がミッションを維持している可能性もあるが、「自立」に拘泥しすぎて目的の転移が生じ、結局自分たちのミッションすら忘れ去ってしまう可能性もある。

NPO が他の組織に全く依存することなく「自立」するということは不可能であるといってよい。したがって、NPO にとっては行政等からの資金を受けながらも、自らの意思に従って自らを律しながら行動することが重要となる（後 2004a：30；毎熊 2005：126）。

NPO が活動の自律性を保つためには、積極的にアカウンタビリティを果たすことが有効でありうる。これによってある程度行政からの過剰な介入・統制を避けることができるし、市民から信頼されて本来の事業に対する支援を受けられる可能性もある。ごく一部の団体には、財務資料をはじめとする各種組織情報の公開に消極的なものもあるが、公益に資する活動をしている NPO としては、それが適正な経理や組織運営によって行われていることを積極的に情報開示するのが本来の考え方であろう。それは、資金を提供してくれる人々や機関の信頼に応えるための行為であり、さらに支援を広げるための手段である。また、アカウンタビリティを果たすことで資金が一部の人々によって不適切な使われ方をされているのではないかという憶測や偏見を予防できる（傘木 2005：184-185）。

次に、アドボカシーの努力をするといっても何の資源も持たずにアドボカシーを行っても効果がない可能性があるため、NPO も行政に対して影響力を行使しうるための資源を持つことが必要となる。

影響力の大きさは、その組織が相手の組織が必要でありながら持っていない資源をどの程度持っているかによって決まる（桑田・田尾 2010：250）。したがって、相手が自分にとって必要な資源を持っていて自分が相手にとって必要な資源を持っていなければ、一方的に相手の言い分を聞かなければな

らなくなるが、相手に資源を依存していてもこちらも相手を自らに依存させることができれば単に相手の言いなりになるだけの関係にはならない。

　サイデルの、ニューヨーク州の政府機関とNPOについての調査によれば、政府・行政が活動に必要な資源（サービス提供能力、情報、政治的支援など）をNPOに依存する割合は61％、NPOが活動に必要な資源（収入、情報など）を政府・行政に依存する割合は62％という結果であった（Saidel 1991）。アメリカにおいて、NPOのアドボカシーが比較的活発なのは、こうしたことも関係しているといえよう。

　仮にNPOにとって財源などの経営資源が乏しく、それを協働相手に依存するとしても、それに見合う何らかの能力をもっていれば協働相手の影響力をある程度打ち消すことができる（川野 2004：187）。そのためにも、「現場情報や行動体験等の蓄積、活用」、「現場での問題解決手法の蓄積」（田中充 2003：156）など、行政以上にNPOが強みを発揮しうる部分で行政を自らに依存させるような関係になることが重要である。

　また、NPOの力量形成には、NPOを支援するNPOの活発な活動が必要である。アメリカにおいては、資金提供・助成、運営技術・マネジメント支援、情報支援、人材育成、組織化支援、アドボカシー支援、政策ウォッチ、NPOの活動評価、NPOの倫理監視などさまざまな機能をもつ「インフラストラクチャー・オーガニゼーション（基盤的組織）」が多層に存在し、こうした基盤の上にNPOの効果的な活動が保障されている（久住 1997b：28）。日本においても、このような組織の発展は非営利セクターにとって重要な意味を持つだろう。NPO同士のネットワーク化を促進するような組織の発展も大きな課題である。

4. 日本における協働のルール構築の試みと協働における課題

　日本でも、NPOと行政の協働についてのルールづくりをする動きが出てきている。例えば、横浜市では市民活動と行政が協働する際に以下の6つの原則を尊重するとしている（横浜市 1999）。
　①対等の原則：市民活動団体、行政双方による関係の対等性の認識。
　②自主性尊重の原則：市民活動のもつ長所の十分な活用と市民活動の自主性の尊重。
　③自立化の原則：市民活動団体と行政が依存や癒着関係に陥ることなく、常に双方が自立した存在として協働を進めること。
　④相互理解の原則：長所、短所や立場を含めた協働相手の本質に対する十分な認識、理解、尊重。
　⑤目的共有の原則：協働で行う事業に関しては市民活動団体、行政双方が共通の理解をもつこと。
　⑥公開の原則：協働に関する基本的な情報の公開と、協働関係への参入機会の保障。

　また、愛知県においてはNPOと行政が協働の際に遵守すべきルールに関して双方が協議、合意した事項をまとめた『あいち協働ルールブック2004～NPOと行政の協働促進に向けて～』が作成されている（後・松井編 2004：117）。そこでは協働の原則やNPOと行政の間でのさまざまな協働事業における行政、NPO双方の基本姿勢があげられているので、本章と特に関わりのあるものについて紹介しておく。
　「協働の原則」の中の「行政の姿勢」には、多様な組織形態をとるNPOの存在を認識して団体ごとの特徴を考慮した協働のあり方を模索することや、行政との協働事業に関わらないNPOの存在についても配慮することが規定されている。「NPOの姿勢」としても、公金を使用することへの自覚と

ともに、県民へのアカウンタビリティを果たすことが求められている。

「NPOと行政の協働についての基本姿勢」としては、施策や事業の企画立案においてはできるだけ早期からプロセスを共有することを両者の基本姿勢とし、行政には幅広い部局における継続的なNPOとの情報交換・意見交換、NPOに対する積極的な情報公開、行政を批判するNPOを含めた多様なNPOの発言・提案に対する丁寧な対応、NPOからの意見で可能なものは事業へ反映させることなどを求め、NPOには行政への一方的な批判や要求にとどまらない課題解決に向けた建設的な意見交換や提言、中間支援機能を持ったNPOによる現場の情報収集・各分野のNPOの意見表明の支援、行政に提案する際の多様な関係者からの意見聴取、提案力の向上などを求めている。

事業委託を行う際には、行政とNPO双方の長所を活かすための事前・実施過程における十分な協議と調整を両者にとっての基本姿勢として、行政にはNPOを下請けとして扱うのではなく対等のパートナーとして位置づけることや委託先の選定方法を工夫してできる限り多くのNPOに機会を与えること、行政が作成した契約書案を一方的に押し付けないこと、委託事業の実施過程におけるチェックや指示を必要最小限にすること、NPOにおける有給職員の人件費の必要性を十分認識した適切な委託費の積算をすることなどを求め、NPOには委託事業の完了時における事業実施結果報告書の提出や、契約の履行に係る事業完了の確認・検査の必要性を理解すること、そして公の資金を使うことに伴う責任の自覚と透明性・効率性・有効性の向上への努力を求めている。

補助を行う際には、補助金の財源が公の資金であることを認識することを両者にとっての基本姿勢として、行政には県民へのアカウンタビリティを意識した交付先の公正な選択、補助制度の周知を通じたより多くのNPOへの機会の提供、補助を受ける団体の固定化や行政の過剰な関与などでNPOの自立性や自主性を損なわないことなどを求め、NPOには公の資金を使うことに伴う責任の自覚と透明性・効率性・有効性の向上や補助金の適切な使

用、補助事業の完了時の実績報告書の提出などを求めている。

　事業実施後には、事業の実施結果の評価・公表の習慣の確立、協働の内容に応じた評価の視点や方法等の工夫、外部の者の意見の聴取、評価結果の次回の協働へのフィードバックが行政とNPO双方に求められている（NPOと行政の協働のあり方検討会議 2004）。

　しかしながら、日本におけるNPOと行政の協働においては、まだ問題があるといわれている。たとえば、①事業をコーディネートする人材の不足、②事業における責任の所在の不明確さや行政が資金を出した際の運営方法への細かな指示、③意見交換・交流の場の少なさや協働のルール・指針の不在による信頼関係・対等な関係の構築の難しさ、④行政情報の発信不足による市民と行政の情報共有不足、⑤パートナーシップがスローガンにとどまっており客観的に評価しようとする姿勢が不十分な点などである（新川 2002：130-131）。

　こうした問題に対しては、①意見や利害の対立をまとめて協働を円滑に進めたり、さまざまな人や団体に声をかけて新しいつながりを見つけていくための専門的な知識やノウハウをもった個人、あるいは中間支援組織などのコーディネーターの充実、②運営の方向性や活動が偏らないようにするためのパートナーシップ活動のルールづくりや可能な限り明文化した契約書・協定書による契約、③相互理解と信頼構築のための市民・NPOと行政のインターフェイスの確保、④NPO・行政双方による積極的な情報提供を通じた情報の共有、⑤行政組織・職員のパートナーシップに対する認識の深化、NPOの政策提案能力やマネジメント力などの実力向上の追求、といった自己改革が必要となる（新川 2002：131-133）。

　今後は先進的な自治体にとどまらず、以上のような協働のルールづくりや、協働の問題点を改善する施策を進める必要があるといえる。実際の現場において、個々のNPOと行政が全く同等な力を持っているということは考えにくい。だからこそ、両者が意識して対等に付き合おうとする努力が必要となる。また、日本における協働の体制はまだ不十分である。これに対して

協働を円滑なものにするための人材や組織の育成、NPOと行政の相互理解・情報共有などを進めるにあたっては、NPOにも行政にも果たすべき役割がある。日本においてNPOの強みを発揮して豊かで活力ある社会を実現するためには、本章で述べてきた行政・NPO双方の意識改革と努力が不可欠であるといえよう。

第2章

イギリスにおける政府-NPO関係の展開
〜委託契約の浸透とその後のコンパクト策定を中心に〜

1. 問題意識と研究の対象

　近年、日本でも、NPO法の成立や公的介護保険制度の施行、行政からの事業委託の増加などを背景としてNPOが急増している（後 2004b：3）。

　行政は、とりわけNPOへの事業委託に「市民の多様なニーズに対応したきめ細かいサービスの提供」、「自治体だけではできないサービスの提供」、「コストダウン」などの効果を期待しており（松原 2004：34-35）、これまで以上にNPOをサービス供給の担い手、協働のパートナーと考えるようになってきている。そして、こうしたことから行政とNPOの関係は密接なものになりつつあり、公的財源がNPOに対して浸透する可能性が高まっている。

　しかし、行政とNPOの関係のあり方次第では、前章で述べたようなNPOのもつ多様な機能を制約することになりかねない。とりわけ、行政が経費を削減するためにNPOと「協働」しようとしたり、NPOが資金繰りのために資金源としての事業委託に魅力を感じ、自らの活動の目的・内容と合わない事業の委託を受けたりそうした事業委託の案件探しを行ってしまうこと（今瀬 2004：44）によってこのような危険性が高まるため、行政とNPOの協働には注意が必要である。

　そこで本章では、主にイギリスにおける議論を中心に政府－NPO関係の展開を概観し、その中で政府のNPO政策によってNPOがどのような影響を受けたのか、そしてその後両者がNPOの独自の機能を可能な限り発揮させるために、あるいは政府－NPO関係を改善するためにどのようなことを心がけ実行するようになったのかを検討するとともに、その日本への影響についてもふれる。政府・行政との関係構築や行政からの事業委託への取り組みといった問題にどのように対処するのかということについて、イギリスの事例は日本のNPOに大きな示唆を与えている（後 2004b：3）。日本より一足早くNPOが公共政策の領域に深く関わるようになったイギリスでどのよ

うな問題が生じ、それをどのように克服しようとしているのかを踏まえておくことは、今後の日本におけるNPOの健全な成長や政府－NPO関係の改善のために有益であるといえよう。

なお、イギリスでは民間非営利組織は総じて「ボランタリーセクター」と呼ばれることが多いが（宮城 1998：82）、近隣をベースにセルフヘルプ的、あるいは相互扶助的にインフォーマルなサービスを提供する団体は「コミュニティセクター」と呼ばれている（永田 2004：64）。本章では、イギリスにおける文脈においては主に「ボランタリーセクター（組織）」とし、特にコミュニティセクター（組織）を含む場合は適宜これを加えて「ボランタリーおよびコミュニティセクター（組織）」とする。なお、第2節に出てくる「チャリティ団体」は、一定の条件を満たしたうえでチャリティ委員会への登録（・認可）を経て、定められたルールのもとで税の減免措置を受ける資格をえた団体をさす（川口 1999：49-50）[1]。

1　イギリスにおいては、ボランタリー団体の中でチャリティ法に基づくチャリティ団体のステイタスを希望するものはチャリティ委員会に登録申請を行い、その活動目的が公益にあたると判断されればチャリティ団体として認可され税制上の特典等が得られる（藤田 1998：238）。なお、イギリスにおけるチャリティ制度に関しては、遠藤（2014）の中でも説明されている。

2. 委託（契約）のボランタリー組織への影響

　前章で見たように、NPO は、多様なニーズへの対処、迅速・柔軟なサービスの提供、先駆的なサービスの提供、アドボカシーなどの機能を持っている。

　しかし、イギリスにおいてはサッチャー政権以降行政コスト削減のために公共サービスの民営化が進み、その中でボランタリー組織が注目されるようになった。その結果ボランタリー組織への事業委託が増加し、ボランタリー組織の運営にさまざまな圧力や制約がかかり、その特性を損なうような事態が生じた。そこで、本節ではイギリスの事例を参考に、公共部門の効率化（経費節減）のためのボランタリー組織への事業委託とそこで生じた競争、ボランタリー組織に対するコントロール、ボランタリー組織への不十分な対価の支払いなどがボランタリー組織の機能に与えた影響を見ることにする。

事業委託増加の背景

　まず、小さな政府を目指すサッチャー政権下では、地方自治体において歳出抑制・削減が推進されるとともに、1980 年代以降自治体による直接的な社会サービスの供給が縮小した。そして、社会サービスなどの領域においても外部のサービスを購入する民間委託方式が導入されるようになった（西村 2004：193）。

　サッチャー政権では、サービスの財源調達に関する責任は国家が引き受けるがサービス供給は民間に委ねるという流れができたのである。新しいサービス供給体制の下では、国は主に福祉サービスの購入者であり、サービスは内部市場・準市場で互いに競争する主体によって供給されるようになったといえる（Le Grand and Bartlett 1993：3；北島 2002：263）。

　当時の状況は、〈補助金から契約へ〉という言葉でも表される。つまり、

それまで自治体はボランタリーセクターに対して特定のサービスの提供を前提としない補助金を通じた支援をすることが多かったが、これに対して一定水準に達した特定のサービスを求める契約の比重が高まったのである（岡田 2003：208）[2]。

1980年代までは、主要なサービスは政府機関によって提供されていた。そして、ボランタリーセクターには主に政府によるサービス供給の補完や特殊なニーズへの対応、新しいサービスの提供、あるいは政府によるサービス提供の監視・改良のためのキャンペーン、少数者集団の立場の表明の援助、コミュニティへの参画とコミュニティ開発の触媒、といった役割が期待され、ボランタリー組織はこのような活動への援助として補助金を受け取っていた（Gutch 1992：7；後 2004b：10）。補助金は決して無条件ではなかったが、事業の実施以外にも組織の運営維持やキャンペーン活動など多様な目的に使用することが可能であった。また、自治体は補助金の支給以外にも、事務所の賃貸料割引といった現物補助などの支援策を行ってきた（Lewis 1999：63；永井 2005：149-150）。

しかし、サッチャー政権が地方政府を主にサービスの「促進者（enabler）」・「購入者（purchaser）」としたことや、目的を限定しない補助金はNPOへの巨額の公金に関するアカウンタビリティの確保にとって不十分な方法であるとされてより厳格な資金提供のあり方が求められるようになったことによって、事業委託契約を通じた資金提供が重視されるようになった（後 2004b：10）。

これに対して、大半が強固な財政基盤をもたないボランタリーセクターは、セクター全体としても契約締結を受け入れていったのである（岡田

---

[2] サッチャー政権期の後になるが、1992年度と94年度になされたイングランドの自治体から社会サービス関連のボランタリーセクターへの資金の移転における補助金とサービス料金の比率について例示しておくと、以下のとおりである。補助金は、92年度に16％であったのが94年度には14％に減少している。これに対して、サービス料金は92年度に28％であったのが94年度には40％に増加している（宮城 1998：78）。

2003：209)。

NPO へのコントロール強化と、委託契約のもたらした問題

　こうした中で、メージャー政権に入ってから政府のボランタリーセクターへのコントロールを強化するような施策が打ち出されていく。

　1990 年国民保健サービス及びコミュニティ・ケア法（National Health Service and Community Care Act 1990）は、高齢者などへのケアサービスに関して自治体がニーズ調査に基づいて計画を立てて契約によって民間サービスを購入すべきことを規定しているが、ここでは、大臣による計画策定に対する指示やサービス提供の監査がなされるとされたため、サービス提供者には国の基準に基づくサービスの有効性・効率性・経済性の追求が強く要請された。

　1993 年チャリティ法（Charity Act 1993）では、チャリティ団体の活動への調査権限を与えるなどチャリティ委員会の権限強化や、チャリティ団体に対する毎年の詳細な会計報告・活動内容の報告の義務付けとこれを怠った際の罰則が定められた。

　これによって、チャリティ団体は、行政サービスに匹敵する水準を満たしたサービス提供団体としての厳しい説明責任や運営責任を強いられるようになったのである（岡田 2003：209)[3]。

　経営知識やサービスに関する専門技能が要請されたボランタリー組織は、そのための（有給）スタッフの採用やボランティアの訓練を進め、これによりボランタリー組織の提供するサービスの水準が向上したなどという肯定的な評価もある。

　しかし、経営能力や専門性を備えるためにボランタリー組織に新たな負担がもたらされた。とりわけ小規模団体にとって、自治体との契約のための事務手続きは煩雑で負担が大きいものであった。

3　なお、チャリティ法の詳細については、宮城（2000：159-168）参照。

また、契約を通じた収入という仕組みの浸透は、ボランタリー組織の運営を資金的に不安定なものにした。自治体から支払われる費用は事業の実施にかかる直接経費のみで間接経費は含まず運営に対して不十分であったため、契約実施のために寄付収入を回したり他の事業で資金調達をしたり、有給スタッフの削減や彼らの無償労働で補わざるをえないようなことも起こった。多くの自治体が一年といった短期での契約を行い、契約の更新が不確実であったことも、ボランタリー組織の資金の不安定さを高めた。
　さらに、契約事業の運営負担のためにボランタリー組織が本来の活動を縮小したり、自治体の意向にあわせたサービス（利用者の多い普遍的なニーズを満たすようなサービス）を提供せざるをえなくなるといった事態が生じるとともに、契約関係によるボランタリー組織の自治体への依存の高まりが、ボランタリー組織によるアドボカシーの自制や自治体によるボランタリー組織からの批判の拒絶といった事態をもたらした（永井 2005：151-152）。
　加えて、ボランタリー組織の組織形態と活動内容の変化も引き起こされた。それまでは、一般的に利用者を含めた参加民主主義に基づく分権化された組織形態をとっていたが、効率的経営や高品質なサービスの継続的提供が要請されるにつれて集権的で大規模な官僚制的組織形態をとる団体が増加し、参加者の意思を団体の活動に反映させるプロセスの希薄化と、組織形態の営利セクターへの接近が生じているとされている（岡田 2003：211）。

3. 新たな政府 – NPO関係のためのコンパクトの策定

コンパクト策定の背景

　こうした状況に対して、ブレア労働党政権成立後に、政府とボランタリーセクターの関係を改め、ボランタリー組織の機能を十分発揮させるべく策定されたのが、コンパクト（イングランドにおける政府とボランタリーおよびコミュニティセクターとの関係におけるコンパクト：Compact on Relations between Government and the Voluntary and Community Sector in England）である。

　これは、全国的なインターミディアリ[4]である National Council for Voluntary Organisations（NCVO）などの出資で設立された「ボランタリーセクターの将来に関する委員会（ディーキン委員会）」[5]が保守党政権期に政府に対して提出したディーキン委員会報告書と、当時野党であった労働党の政策文書が土台となっている（NCVO 1996；Labour Party 1997；服部・待場 1999：15；永井 2005：155）。ボランタリーセクターの代表として組織された政府との関係に関するワーキンググループ（Working Group on Government Relations：WGGR）は、1997年10月にコンパクトの草案作成に着手し、さまざまな団体からの意見をふまえて1998年2月に草案を完成させた。草案は政府との協議を経て1998年11月に合意に至り、ブレア労働

---

[4] インターミディアリ（intermediary）は、「仲介者」、「中間の」と訳され、市民活動の世界においては NPO と他のセクターの仲介などをする組織、ということになる（深尾 2005：182参照）。本書では、NPO を支援する NPO について、第2章では「インターミディアリ」、第5章では「中間支援組織」、第1章では「インフラストラクチャー・オーガニゼーション」と表記した。しかし、これは主に参照した文献の表記を踏襲したためであり、本書では基本的にこれらの用語はほぼ同様の意味であると考えていただきたい。

[5] ボランタリーセクターの役割についての明確なビジョンを示すことを目的に、社会政策研究者のディーキンを委員長として政府から独立して設立された委員会。

党内閣の内務大臣と WGGR が合意文書に共同で署名して公表された（川口 1999：61；永田 2004：59）。

　ボランタリーセクターは、保守党政権期に委託契約が増加したことで独立性が脅かされる中で、政府とボランタリー組織の間の適切な関係についてルール化することを要望していた。そしてブレア労働党政権も、これに理解を示した。また、ブレア政権は、ボランタリーセクターに政府や企業とは全く異なる価値があることを認めた。こうしたことを背景として、コンパクトが策定されるに至ったのである（永田 2004：59；松井 2004c：65）。

　コンパクトは法的な拘束力がない覚書に過ぎない（服部・待場 1999：13）。しかし、このコンパクトは、政府がボランタリーセクターの意義やボランタリーセクターとの対等な立場を認め、両者の責務を明らかにした歴史的にも画期的な協定書であるといわれている（松井 2004b：17）。コンパクトには法的な拘束力はないが、その権威は協議プロセスを通じた両セクターによる支持から引き出されるのである（Home Office and WGGR 1998：para.2）。

コンパクトの具体的内容

　コンパクトの内容のポイントについては、以下のとおりである。

　「共有するビジョン」の項目では、人々にボランティア活動の機会を提供して人々が公共生活やコミュニティの発展に貢献することを可能にすること、サービスのデザインと供給に利用者が関与する道を拓くこと、発言力を持たない人々の主張を代弁すること、社会的に疎外された人々の社会参加を促進すること、というボランタリーおよびコミュニティ組織の機能を認める。そのうえで、こうした組織の活動は政府の法制度や規制によってプラスの影響もマイナスの影響も受ける可能性があるが、コンパクトはその影響をプラスのものにするためのものであると位置づける。

　「共有する原則」の項目では、ボランティア活動やボランタリーおよびコ

3. 新たな政府－NPO関係のためのコンパクトの策定

ミュニティセクターは民主的な社会や社会の幸福にとって不可欠な要素であることや、公共政策やサービスの開発・提供において政府とボランタリーおよびコミュニティセクターの間には相補的な関係・相乗的な関係があることを認める。その上で、両者は誠実さ・客観性・公開性・正直さ・リーダーシップをもって自らのアカウンタビリティを果たし、それぞれのステークホルダーに応える必要があること、また両者は人種・性別・宗教等にかかわりなくすべての人々への機会均等を促進する重要性を認識すること、などが明記されている。

そして、「政府による約束」として、政府は次のことを約束した。「独立性」については、法の範囲内でキャンペーンをすることや政府の政策にコメント・挑戦することを含めてボランタリーおよびコミュニティセクターの独立性を承認し支援する。「資金」については、明確で一貫した基準による資金分配、迅速な支払い、絶えざる再検討、必要なところでの長期・複数年度の資金提供、ボランタリーおよびコミュニティ組織への諮問と報告などを促進するような資金提供の原則についての行動規範をつくり、さらにボランタリーセクターやボランティア活動の基盤の発展を支援する。「政策の策定と諮問」に関しては、ボランタリーおよびコミュニティセクターに影響を与える政策の策定に際し、各団体がそのステークホルダーの意見を聴取するための時間的余裕を持たせた形で同セクターに諮問する。また、社会的に疎外された人々を代表するグループの特別なニーズ・関心・貢献を政策に積極的に反映させる。そして、「よりよい政府」のために、特に省庁をまたぐ事案で政府とボランタリーおよびコミュニティセクターとの間での効果的な業務関係等を推進する。さらに、決定や成果については可能な限り国民に公開する。

一方、「ボランタリーおよびコミュニティセクターによる約束」として、ボランタリーセクターの側は次のことを約束した。「資金確保とアカウンタビリティ」に関しては、高水準の運営管理を維持し、資金提供者や利用者に対する報告・説明義務を果たす。チャリティ登録団体は、チャリティ委員会

の適切な指導に従う。「政策の策定と諮問」に関しては、団体が政府に意見表明する際そのステークホルダーに彼らの意見を表明する機会を保障する。また、そこでくみ上げられた見解を政府へ正確に伝達する。「よい実践」に関しては、政府等の機関やボランタリーおよびコミュニティセクターにおける他の組織との効果的な業務関係を促進する。また、活動やサービスの開発・管理において可能なところでは利用者を参加させる。さらに、活動・雇用・ボランティアの参加・サービス提供における機会均等と最善の実践の促進を各団体の方針として採用する。

さらに、「コミュニティ団体や黒人・マイノリティ民族団体に関する問題」への配慮の必要性にもふれたうえで、次のことを明記している。「意見の相違の解決」のために、コンパクトの枠組みを無視した行動によって不手際が生じた場合には苦情を国会の行政監督委員に持ちこむことができる。「コンパクトのさらなる前進へ」向けて、以下のことを行う。①「すぐれた実践のための行動規範」(コード) の作成。②コンパクトの実施状況やその発展について再検討するための、政府とボランタリーおよびコミュニティセクターの代表による年1回の会合の開催とその結果の報告。③中央省庁に属さない公的機関・地方自治体に対するコンパクト採択の要請 (Home Office and WGGR 1998)。

ブレア政権は、ボランタリーセクターとのパートナーシップを掲げたが、その内容は①基本的な理念としてのパートナーシップ、②ボランタリーセクターを社会の本質的な要素と位置づけた上での独立性と自立性の承認、③政府とボランタリーセクターの継続的な協議と文書による確認、④事業の計画段階からのボランタリーセクターの関与、⑤明確な基準に基づいた政府の資金提供、⑥政府とボランタリーセクターの両者によるアカウンタビリティの遂行と評価の実施であった (山本 2014：99)[6]。コンパクトは、こうした方針を反映したものになっていると言えるだろう。

---

[6] ただし、山本 (2014：100、186) は、コンパクトの効果は限定的なものであったと評価している。

4. コードとローカルコンパクトの策定

コードの具体的内容

　政府とボランタリーセクターとの関係の基本原則であるコンパクトを実践に結びつけるために、特に重要とされた5つのテーマ（①資金、②協議と政策評価、③黒人と少数民族グループ、④ボランティア、⑤コミュニティ組織）に関して、より詳細な行動規範を定めたコードが順次策定された（松井 2004c：66）。

　このコードも、コンパクト同様法的な拘束力はないが、政府とボランタリーセクターの関係改善のためのメカニズムとされ、各省庁や出先機関、エイジェンシーはこうしたコードに基づいた実践の計画を策定することが求められている。コードの策定においては、WGGRが改組したコンパクト・ワーキンググループ（Compact Working Group：CWG）の下に5つのサブグループが設置され、幅広いボランタリーセクターからの意見の聴取と政府内での意見の聴取によって草案が作成され、この草案が双方の代表で協議された。したがって、このコードも政府が一方的に準備したものというよりは双方の共同作業の成果であったといえる（永田 2004：61）。

　「資金に関するコード」は、政府からボランタリーおよびコミュニティセクターにわたる資金によって最大の成果をあげるためのものである。ここでは、政府にはボランタリーおよびコミュニティセクターに対して応募のための機会や情報を提供することなどが求められ、ボランタリーおよびコミュニティセクターには資金を受けるに値するような活動をすることや資金の提供が終了した際に受益者や組織が被る負の影響を抑えるように備えることなどが求められている（Home Office and CWG 2000b）。また、政府との契約関係において運営経費を政府が認識せず契約金額に正当に算入していないという批判を受けてこうした問題に対処する必要性が認識され、2004年に改定

表1　イギリスで典型的な運営費とされているもの

分野	内容
人件費	事務局長の人件費、事務職員人件費、社会保険料
事務所関連経費	賃貸料、光熱水費、設備費（IT、印刷機等）
組織運営経費	人事、理事会の運営、職員研修・ボランティア管理、会員に関する事務
組織発展経費	研究開発費、旅費・出張手当、通信費（電話、切手等）
事業関連経費	事業マネジメント、事業等の監視と評価、サービス等の品質保証
資金関連経費	資金確保、財務運営、会計事務・監査

出典：松井 2004c：67。

された新コードでは、契約の直接経費のほかに、組織を維持発展させるための間接経費についても支払いがなされることとされた（松井 2004a：106；松井 2004b：18；松井 2004c：67-68)[7]。

「協議と政策評価に関するコード」は、政府がボランタリー組織の専門性を低く見て、政策決定過程で重要案件の草稿を関係団体や市民に送り意見を求める「協議（consultation）」をNPOに向けてすることが少なかったこと（松井 2004b：18）に対して、ボランタリーセクターの参画を促すために策定された。ここでは、政府による早期からの諮問、協議結果のフィードバックや、ボランタリーおよびコミュニティセクターによる自らが代表している人々についての正確な意見の伝達、クライエントへの協議結果のフィードバック、そして両者による協議のし方としての継続的な対話、オープンで意味のある協議、多様方法があるなかで適切な方法を選択した協議などが重要とされている（Home Office and CWG 2000a）。また、ボランタリー組織と政府の協議の際に、ボランタリーセクター側が十分に意見をまとめるための期間をおくことにした。さらに、政府側からの文書はできるだけ分かりや

7　これには、全国NPO事務局長連盟（Association of Chief Executives of Voluntary Organizations）が1999年に発表した「誰が運営経費を負担するのか（Who pays for core cost ?）」が影響を与えている（松井 2004b：18）。

すいものにし、ボランタリー組織の側の意見を政府が採用しない場合には、その理由を説明することとした（永井 2005：170）。

「黒人と少数民族グループに関するコード」は、少数民族の人々の貧困問題に対応するボランタリー組織による〈参加の促進〉、〈政府や企業ではできないサービスの提供〉、〈少数民族の声の代弁〉などといった価値を評価するとともに、こうしたボランタリー組織の多くが通常のボランタリーおよびコミュニティセクターより排除されやすいということを認識し、平等の観点から適切な支援を行っていくために策定された。両セクターがともに人種的平等に取り組むとしたうえで、政府はボランタリーおよびコミュニティセクターの役割の評価、独立性の承認と支援、諮問のあり方の改善に取り組み、ボランタリーおよびコミュニティセクターはコミュニティに関する情報の伝達、適切な組織運営やサービス提供などに取り組むとしている（Home Office and CWG 2001a；松井 2004b：18-19）。

「ボランティアに関するコード」は、ボランタリー組織が自覚的な市民による強固な市民社会に不可欠なボランティアに対する意識を高めて活動を促進する機能を持っていることを高く評価し、政府とボランタリーセクターの協働によりボランティア活動を促進するために策定された。ここでは、両セクターはボランティア活動やボランティアの促進にも経費（の支払い）が必要であることを認識し、政府はボランタリーおよびコミュニティセクターがボランティアの促進のために使う費用を資金提供の申請の中に含めることを認め、ボランタリーおよびコミュニティセクターはボランティアへの機会の平等の確保や参加の促進をし、ボランティアの支援・訓練のために時間と資源を用意するなどとしている（Home Office and CWG 2001b；松井 2004b：19）。

「コミュニティ組織に関するコード」は、両セクターの相互信頼の強化やコンパクトをコミュニティ組織により身近にすることを主な目的としている。ここでは、〈住民やサービス利用者の声の代弁〉、〈近隣における関係やネットワークの構築とコミュニティの結束強化〉、〈コミュニティのニーズに

基づくサービスの提供〉、〈地域における民主主義の強化〉などのコミュニティ組織独特の役割を認識し、政府はコミュニティ組織が成功するための条件整備等に取り組み、ボランタリーおよびコミュニティセクターは地域の積極的なメンバーがボランタリーおよびコミュニティセクターのネットワークでリーダーシップをとるよう促すとされた。また、ローカルコンパクトの策定過程や政策過程にこうしたグループを巻き込むことの重要性なども指摘されている（Home Office and CWG 2003；松井 2004b：19）。

ローカルコンパクト策定の経緯

　ローカルコンパクトについては、ボランタリー組織の実際の活動は地域に根ざしており中央政府よりも自治体と関係をもつことが多いことや、自治体とボランタリー組織との間での相互不信の解消が必要と考えられたことからWGGRによって提案されていた（永井 2005：164-165）。そして、コンパクトを中央政府やその関連機関だけではなく自治体にも広げることは、コンパクトが策定されたときに決められていた。コンパクトによって開催が制度化され、2000年5月に開かれた第1回の総会から地方政府協会（Local Government Association：LGA）の代表も自治体の代表として出席し、2004年までにすべての自治体でローカルコンパクトを締結すべく取り組んでいくことが合意された。第1回総会の翌月には、LGAとCWGが共同でローカルコンパクトを策定する際のガイドラインを発表してその基本指針を提示した（永田 2004：61）[8]。このガイドラインの作成過程においては、全国の自治体やボランタリー組織を対象として2度の原案の協議や4度のセミナーが開催され、その中で出された1000件以上の意見が盛り込まれたとさ

8　その後、ローカルコンパクトの普及は順調に進展しなかったため、2002年に政府は2005年の4月までにすべての自治体がローカルコンパクトに署名するよう目標を設定した。その結果、2004年当初にはイングランドにおけるほとんどの自治体でローカルコンパクトが締結されているか策定中という状況になった（今井 2005：137）。

4. コードとローカルコンパクトの策定

れている（WGGRS and LGA 2000：2；松井 2004b：20）。

なお、中央政府は、ローカルコンパクトの普及のために、自治体監査においてコンパクト策定を業績指標に含めたり他の政策と関連させてローカルコンパクトの策定を補助金配分の要件とするなど、自治体にローカルコンパクトの作成を促す仕組みを取り入れている。また、コンパクトに関する中央政府の方針を自治体に伝達することなどによってローカルコンパクトの策定を促進する地方出先機関（Government Offices）も設置されている（西村 2004：204；永井 2005：174）。

実際のローカルコンパクトの策定にあたっては、地方議員や公的機関の担当者、地域のボランタリーセクターを代表するインターミディアリなどから策定・運営のための委員会が結成され、主にインターミディアリのイニシアチブの下でローカルコンパクトが策定された（永井 2005：174）。地域性を反映させるために、地域におけるパートナーシップ活動やボランタリーセクターに関する調査を行って草案を作成した上で、地域のボランタリー組織と公的機関に対してパブリック・コメントを行い、その意見を踏まえて最終案を作成したのち委員会の了承と議会での賛同を得ると公式な会合の場で両セクターが署名し、公表されることになる（今井 2005：141）[9]。

ローカルコンパクトの具体的内容

ローカルコンパクトの性格や内容は地域ごとに異なるが、以下の項目を基本的な要素としている。

「共有原則（目標）」としてのパートナーシップの重要性の認識と、両セクターによる相互理解と尊重。「資金」における、公的セクター側による①資金申請についての情報のオープン化と手続きの明確化・採択プロセス（基準や優先順位）の透明化、②不採択になった申請についての情報のフィード

---

[9] 後編（2004：49-74）に、いくつかの自治体における具体的な事例が紹介されている。

バック、③複数年度にわたる資金や特定対象者（小規模グループ・マイノリティ）向け資金の創設などの弾力的資金提供、④資金の廃止・削減に関する事前通告の実施、⑤非金銭的支援（無償での不動産の提供や研修の実施、職員の出向等）の導入と、ボランタリーセクター側による財務運営の透明化や品質管理のためのシステムの確立。「協議」における、公的セクター側による協議対象・方法の明確化と、ボランタリーセクター側による自らの立場や見解の根拠の明確化。協議に関しては、①関係者による対応が十分可能な協議日程の設定、②（特に小規模な）ボランタリーセクターの負担を考慮した効率的な協議方法の採用、③平易な言葉や文章を使った極力シンプルでわかりやすい協議文書の作成・使用、④関係者の協議へのアクセスの改善、⑤協議結果とそれを受けて決まった今後の方針についての関係者へのフィードバック、⑥合意のなされた協議手順から逸脱する場合の理由の説明に関する項目もある（今井 2005：141-145）。

なお、上記の原則以外にも、例えばサンドウェル市のコンパクトでは、市はボランタリーセクターを1つのリソースに過度に依存させず多様で代替的なリソースから助成を得られるようにボランタリーセクターを支援する、あるいは市とボランタリーセクターの両者は市の補助金を受ける団体に対するサービス受益者などからの苦情に応えるシステムの共同開発を行うとするなど（Sandwell Metropolitan Borough Council 1999；金川 2003：33-34)、独自の規定もある。

ローカルコンパクトでも、実施に向けてその内容を具体化するコードの策定が検討されるとともに、両セクター間の合意によりフォローアップの指針となる年間行動計画や行動目標も作成される。そして運営委員会などによってモニタリング・評価が行われ、毎年その結果に基づいて、行動計画に示された目標の達成度や両セクターの関係改善などに関する年次報告書が公表される。

ローカルコンパクトの進行管理も、両セクターによる年次大会でなされる。そこではコンパクトの進捗状況の報告や、その文書の改定等に関する今

後の方針の決定がなされる。

　ローカルコンパクトの規定違反をめぐる紛争・対立に際しては、一般的に運営委員会のメンバーや両セクターから指名された人々が仲裁・調停にあたることとされている。

　なお、ローカルコンパクトの推進のために地方自治体内部にコーディネーターがしばしばおかれ、各部局との連絡・調整やローカルコンパクトの理念の行政幹部・議員等への浸透が図られている（今井 2005：145-146）。

5. イギリスにおけるNPO政策の転換の意義と日本への影響

　以上のように、イギリスにおいてはサッチャー政権以降主として行政経費の削減を目的としてボランタリー組織が活用され、ボランタリー組織も政府が決定した予算や枠組みの中で委託契約を受け入れていったためにその独自の機能を発揮することが困難になった。

　しかし、ブレア政権において政府とボランタリーセクターがともに両者の関係や両セクターが行うべきことに関する原則をつくり、これに基づいた政府とボランタリー組織の連携・協働がなされることとなった。

　そこで、本節ではイギリスにおけるNPO政策が転換した背景と、新しい政府－NPO関係のもつ意味について見てみたい。まず、コンパクトに象徴されるような関係が両セクターの間で生まれた背景には次のようなことがあった。

　サッチャーらの保守党政権にとっては、ボランタリーセクターは「召使」とみなされ、ボランタリーセクターの中でも「分をわきまえた」従属的な組織が重視された。

　一方、1997年以降の労働党政権は、ボランタリーおよびコミュニティセクターを「パートナー」とみなして議論に基づくパートナーシップを築きたいと明言し、新しい政策はボランタリーおよびコミュニティセクターの代表者との間で議論されることが多くなった（ディーキン 2004：41-42）。

　保守党政権下では、ボランタリー組織の参加はサービス供給に限定されていたが、その後の労働党政権下では、公共政策の実施過程だけでなく立案過程においてもボランタリー組織を含むステークホルダーの参加を重視している（塚本 2006：31-32）。

　こうした中で、コンパクトによって政府は〈ボランタリーセクターの独立性の支援〉や〈資金的な問題への適切な対処〉、〈政策の策定から評価に至るまでのボランタリーセクターとの協働〉、〈情報公開などといった形での政府

機構の改善〉を約束し、ボランタリーセクターは〈提供された資金や活動内容に関するアカウンタビリティの遂行〉、〈政府からの諮問に際してのステークホルダーへの確実な周知と意見表明の機会の保障〉、〈政府や他のボランタリー組織との業務関係の改善や手法の民主化などといった形での活動方法の改善〉を約束した（松井 2004c：66）。また、コードで政府がボランタリー組織への資金などに対してさらに配慮を示し、ローカルコンパクトには行政とボランタリー組織の協働事業・協議における手続き改善への努力などが規定された。こうしたことは、第2節で述べた、委託契約がもたらしたさまざまな問題、つまり〈事務手続きの負担〉、〈独自の事業に対する制約〉、〈アドボカシーに対する制約〉、〈組織形態の変化（官僚制化、営利企業化）〉といった問題の克服に資する可能性がある。

また、コンパクトは、さまざまな形で両セクターへインパクトを与えている。コンパクトの導入によって信頼関係が構築され、政府のボランタリーセクターに対する見方がより肯定的なものになり、政府はより多くの資源を提供する姿勢になっていることが指摘されている（ディーキン 2004：47）。地方自治体の職員や議員、ボランタリー組織は、ローカルコンパクトの作成のために共に話し合うことを通じて相互理解や信頼が生まれたと評価している（永井 2005：174-175）。こうしたことは、パートナーシップの推進にとって有益なことであったといえる（金川 2003：34）。

コンパクトは、ボランタリーセクターにも影響を与えている。コンパクトによって、ボランタリーセクターは、自らのサービスを改善することを約束したのである。ボランタリー組織の側が、利用者に対して良質なサービスを提供することの重要性についての意識を高めており、その意義は決して小さくない（ディーキン 2004：47）。

日本でも、愛知県においてはNPOと行政が協働の際に遵守すべきルールに関して双方が協議、合意した事項をまとめた『あいち協働ルールブック2004～NPOと行政の協働促進に向けて～』が作成されているが（後・松井編 2004：117）、これはイギリスにおけるコンパクトにならったものである

（ディーキン 2004：48）。内容については前章で紹介したとおりであるが、このルールブックもあくまで暫定的なもので、行政とNPO双方は両者の協議・検討の場を継続させて共同でこれを検証・改善することとなった[10]。

これについての知事とNPOの代表による共同署名の後には、県とあいち協働ルールブックNPO委員会が協力しながら普及活動等を行うとしている（後 2004b：15）[11]。

このような政府とNPOとの関係に関するルールづくりと、その作成過程、あるいは改善過程における両者の相互作用は、NPOの機能を十分に発揮させるとともに、行政とNPOの関係を成熟させていくうえで重要である。イギリスにおける事例を参考にしつつ、地域ごとの特性を踏まえて行政とNPOが時にぶつかり合いながらも両者の適切な関係と自らの役割について共に模索していくことが、活力ある社会の形成にとっての大きな要素であ

10　風間（2011：143-144）は、多様な官民のアクターがコミュニケーションの質を高める努力をしつつコンパクトの内容が定められたことが、ノイズの縮減とネガティブ調整をビルトインしたルールの形成につながった、とガバナンスの理論を援用しつつ評価している。ノイズの縮減とは、「異なった制度的秩序間のコミュニケーションの不徹底さを、それぞれの合理性・アイデンティティ・利益に対する理解と敏感さを向上させることで縮減すること」であり、ネガティブ調整とは、「自分自身の行動が第三者や他のシステムに与える不利な影響の可能性に配慮し、適切な自己制御を行うこと」である（風間 2011：140-141）。

　　新川（2011：51 参照）は、関与する諸アクターがコミュニケーション能力やネットワーク能力、協調能力や学習能力を有していれば、そのガバナンスの潜在能力・問題処理能力は高くなるとするが、コンパクトやルールブックはこうした能力の涵養に貢献しうるものであると考えられる。

11　なお、その後このルールブックに則った協働事業の検証作業、改善策の検討作業がNPOと行政の共同でなされているが、これについては、あいちNPO交流プラザHPから閲覧できる「NPOと行政の協働に関する実務者会議」についての記録を参照のこと。なお、『あいち協働ルールブック2004』の策定過程と内容、およびその後の活用については、柏木（2008：166-177）も参照。

　　特に、あいち協働ルールブック2004に基づいてNPOと行政の継続的な協議・検討を行う「NPOと行政の協働に関する実務者会議」が2005年から検討を重ねて「行政からNPOへの委託事業の積算に関する提言」が2007年に完成し、報告書として発表されたこと（水島 2013：66）は、行政がNPOを安価で利用することによってNPOが疲弊していくことに歯止めをかけるものになる可能性がある。

るといえるだろう[12]。

---

12 ただし、コンパクトなどのパートナーシップ・モデルにもまだ課題がある、という指摘も存在する。イギリスのコンパクトモデルも、実際運用する中でさまざまな問題や課題が生じたとされている。例えば、周知不足や無関心を原因とする政府機関等によるコンパクト違反、自治体による取り組みへの格差、NPOの側におけるコンパクトに対する認知不足や無関心などである。『あいち協働ルールブック2004』も、市町村レベルではその考え方が十分浸透しておらず、2010年に出された報告ではルールブックを活用する市町村は全体の3分の1に過ぎないとされている。コンパクト違反の発生には法的拘束力がないことも影響しているが、政府とNPOとの関係構築は強制力よりも自発性が有効で立法化にはなじまないという見方もあり、自発的取り組みに委ねる部分と強制力を用いる部分をどのように組み合わせて実効性を高めるかが課題とされているのである（永井2010：132以下；NPOと行政の協働に関する実務者会議 2010：4、12参照）。

　また、政権交代と政府-NPO関係の問題も重要である。田中尚輝は、イギリスでは政権交代後もコンパクトをなくすことはできないが、保守党政権がコンパクトを形式としては残しながらNPOへの支援を切り下げることで、その形骸化が進められようとしていると指摘する（田中尚輝「イギリス便り③　コンパクトは継続するか？」『田中尚輝のブログ』2011年10月14日付（2017年2月10日アクセス））。今後は、そのような可能性も考えながらNPOと政府・行政はタフな政治的交渉を行い、関係を構築していくことになるだろう。

第3章

日本におけるNPOと
行政の連携・協働の現状と課題
～NPOへの事業委託とNPO支援のあり方を中心に～

1. 日本におけるNPOと
行政の連携・協働に関する動向

　近年、日本においてNPOと行政が関係を持つ機会が増えてきている。内閣府によれば、1995年以前においてはわずかに5.0％の都道府県、19.1％の市区町村がNPOとの協働事業を行っていた。しかし、その後市区町村における人口規模や取り組みの早さによる濃淡はあるものの協働事業は広がり、2003年時点でNPOとの協働事業を実施する都道府県は100％、市区町村は66.3％となっている（内閣府 2004：9、11；金谷 2007：86）。

　協働事業の形態をより詳細に見てみると、都道府県においても市区町村においてもNPOへの事業委託や、NPOへの資金・活動の場の提供などの支援、情報交換、互いの事業に対するさまざまな形での協力・参加などが多く行われている（内閣府 2004：13）[1]。

　また、都道府県や大規模な自治体を中心に、多くの自治体が今後の協働

1 　本報告書における詳細な協働事業の実施状況（複数回答）については、以下の通りである。
　【都道府県】
　「自治体からNPOへの事業委託」：100.0％、「NPOの主催事業に対する自治体の後援名義」：87.5％、「自治体とNPOとの事業共催」：82.5％、「自治体の事業活動へのNPOの参加・協力」：77.5％、「自治体とNPOとの情報交換・意見交換等」：75.0％、「自治体の事業の企画・立案等へのNPOの参加・協力」：67.5％、「自治体からNPOへの活動の場の提供・支援」：65.0％、「自治体からNPOへの資金援助」：57.5％、「自治体からNPOへの物の提供・支援」：27.5％、「自治体からNPOへの人員派遣や労力提供」：10.0％、「その他」：0.0％、「無回答」：0.0％。
　【市区町村】
　「自治体からNPOへの事業委託」：80.5％、「自治体とNPOとの事業共催」：46.6％、「自治体からNPOへの活動の場の提供・支援」：45.5％、「自治体からNPOへの資金援助」：44.5％、「自治体の事業活動へのNPOの参加・協力」：42.7％、「NPOの主催事業に対する自治体の後援名義」：41.5％、「自治体とNPOとの情報交換・意見交換等」：39.2％、「自治体の事業の企画・立案等へのNPOの参加・協力」：32.7％、「自治体からNPOへの物の提供・支援」：22.5％、「自治体からNPOへの人員派遣や労力提供」：10.9％、「その他」：1.9％、「無回答」：0.5％。

事業について「重要性を感じており実施していく」としており（内閣府 2004：29）、NPOと行政の協働事業はこれからますます増加していくことになるだろう。

内閣府によれば、NPO法人の側もこれらの活動を「過去2年間において行政と連携・協働して行った活動」としてあげている（内閣府 2007：23)[2]。また、この調査では、今後行政と「何らかの連携・協働した活動の実施を考えている」とするNPO法人が85.3％となっており、多くのNPOが行政と関わりを持つことを考えている（内閣府 2007：29)[3]。

こうしたことに伴って、NPOに政府資金が入るようになってきている。2001年に行われた経済産業研究所の「NPO法人アンケート調査結果報告」によれば、その全収入において「行政の委託事業収入」は7.0％、「行政の補助金等」は4.0％を占め、政府資金の合計が全収入に対し11.0％を占めていた。これが2003年に行われた調査では、「行政の委託事業収入」は10.8％、「行政の補助金」は6.7％を占め、政府資金が全収入に対して占める比率は17.5％となっている[4]。

2　なお、「過去2年間において行政と連携・協働して行った活動」（複数回答）の詳細については以下の通りである。
「法人の行う活動に対し、行政から資金（補助金や委託費等）を受けた」：36.2％、「行政が行う事業の企画立案に参加した（各種審議会、委員会等へ市民活動団体、市民代表として参加、参与）」：30.5％、「行政との共催の行事を実施した」：27.9％、「行政と定期的に情報交換を行った」：27.0％、「行政との具体的な関係はない」：23.8％、「恒常的な活動拠点として公共施設を利用した」：23.1％、「法人の運営（人件費、管理費）に対し、行政から資金（補助金や委託費等）を受けた」：18.8％、「公共施設の管理・運営を行った（指定管理者・管理運営委託等）」：6.9％、「協働事業を行政に提案する制度に応募し、対象となった」：6.9％、「行政職員を対象にした研修等を開催した」：6.4％。
それ以外の連携・協働は9.9％であり、その具体的な内容は、「法人の行うイベントに行政からの後援を得た」、「行政に提言を行った（提言募集への応募ではなく、自発的な提言）」、「行政へ寄贈した」、「行政主催の研修会等へ無償で講師等を派遣した」であった。
3　他方、「何らの連携・協働も考えていない」：10.3％、「無回答」：4.4％であった。
4　なお、2001年に行われた調査では政府資金以外に「自主事業収入」が30.8％、「会費・賛助会費等」が29.4％、「寄付金・協賛金等」が13.0％、「助成財団の助

その後に出された経済産業研究所のアンケート結果を分析した後（2009a：1）は、法人数の急増で小規模団体が増加し民間寄付的収入比率が増加した一方で、公共サービス市場において NPO セクターの事業力を高めるような大規模団体がそれほど育っていないことによって、2004 年から 2006 年にかけては NPO に入る公的資金の比率が低下していると評価している。

とはいえ、政府・行政からの資金は NPO にとって大きな意味を持つようになっており、多くの NPO は公的資金が入ってくることを好機と考えているといってよいであろう。内閣府（2007：30-31）では、前事業年度において総収入の中で行政からの資金（補助金・助成金、事業委託費）の占める割合が 0％ とした法人は 58.0％ であり、それ以外の法人は何らかの形、一定の比率で行政からの資金を受け取っているという結果になった。また、行政からの資金の受け入れについて「これまでも受け入れており、今後も受け入れたい」と考える法人が 49.1％、「これまでは受け入れていなかったが、今後は受け入れたいと考えている」とする法人が 36.1％ となっている（内閣府 2007：30）[5]。

以上のような、NPO と行政の協働事業の増加や、その結果としての NPO と行政との関係の深まり、そして NPO と行政との間での資源の相互利用の機会の拡大は、NPO や行政自身のあり方、そして公共サービスや社会そのもののあり方にも大きな影響を与えると考えられる。NPO と行政の協働や相互作用がうまくいけば両者の力量の向上や意識改革、公共サービスの質と量の向上、市民参加・地方自治の活性化などにつながる可能性があるが、そうでなければ互いにとってマイナスの結果となり、社会に対しても両者が単

↘　成金等」が 6.7％、「民間の委託事業収入」が 2.2％、「融資金」が 1.6％、「利息」が 0.1％、「その他」が 5.2％ を占めていた。2003 年に行われた調査では、「自主事業収入」が 31.2％、「会費・賛助会費」が 10.6％、「寄付金・協賛金」が 16.6％、「助成団体の助成金」が 8.1％、「民間の委託事業収入」が 3.0％、「融資金」が 1.9％、「利息」が 0.0％、「その他」が 5.0％ を占めていた。

5　他方で、「これまでも受け入れておらず、今後も受け入れる考えはない」：11.9％、「これまでは受け入れていたが、今後は受け入れる考えはない」：1.2％、「無回答」：1.8％ であった。

独で活動して生み出すよりも低い成果物しか生み出さない可能性もある。

とくに、1990年代後半頃から国や一部の自治体で議論と実践が始まり小泉政権下でその流れが加速した公共サービス領域の改革においてNPOへの期待も高まっているが、そこで財政難への対応（コスト削減）のみが強調されるようなことになれば、さまざまな問題が生じると考えられる。

そこで、本章においては、日本の現時点における協働のありかたをふまえつつ、NPOと行政の連携・協働をよりよいものにするためにどのようなことに注意する必要があるのかを検討したい。なお、事例として紹介する各自治体の制度などについての説明は、本章のもとになった論文の刊行時点におけるものであることをあらかじめことわっておきたい。自治体のNPOに関連する政策や組織は、必ずしも全てがそのままの形で残るわけではないが、本章で紹介するような制度・枠組みの存在を記録しておくことには一定の意義があると考えられるので、基本的には当時の紹介の記述を残している。

2. 協働の可能性と現時点における協働事業の問題点

協働事業の意義と可能性

　協働事業のあり方を検討するにあたって、ここではまず NPO と行政の協働にはどのような潜在的な効果があるのかを指摘したい。まず行政の側は、NPO との協働事業の意義として〈行政だけではできない多様なサービスの提供〉、〈効率の向上〉、〈住民参加の促進〉、〈対等なパートナーシップの構築〉等をあげている[6]。さらに、連携・協働のメリットとして、NPO のメンバーは問題関心が高く積極的に活動してくれることや、NPO の人的ネットワークで協働事業への参加者・支援者を獲得しやすいことなどを挙げている自治体もある（内閣府 2007：62）。

　NPO も、行政との連携・協働のメリットとして〈活動の広がり〉、〈他組

6　『コミュニティ再興に向けた協働のあり方に関する調査』では、協働事業実施の意義（3つまで選択）として、行政は以下のことを指摘している（内閣府 2004：24）。
　【都道府県】
　「自治体だけでは提供できない多様なサービスを提供できる」：97.5%、「行政サービスの民間開放を促し、行政効率の向上をもたらす」：55.0%、「住民の地域活動への自発的な参加をうながす」：55.0%、「行政と NPO との対等なパートナーシップを築く」：55.0%、「NPO への財政支援につながる」：7.5%、「行政と住民の距離を短縮する」：5.0%、「地域経済の活性化や雇用の促進につながる」：5.0%、「自治体単独による事業よりも経費を下げられる」：2.5%、「その他」：0.0%、「無回答」：2.5%。
　【市区町村】
　「自治体だけでは提供できない多様なサービスを提供できる」：80.5%、「住民の地域活動への自発的な参加をうながす」：64.5%、「行政と NPO との対等なパートナーシップを築く」：38.7%、「行政サービスの民間開放を促し、行政効率の向上をもたらす」：36.2%、「自治体単独による事業よりも経費を下げられる」：21.3%、「行政と住民の距離を短縮する」：13.0%、「NPO への財政支援につながる」：8.6%、「地域経済の活性化や雇用の促進につながる」：7.7%、「その他」：1.9%、「無回答」：0.9%。

織とのネットワークの広がり〉、〈活動に対する認知度の向上〉、〈行政との距離の短縮〉、〈地域・住民との距離の短縮〉、〈負担や労力の軽減〉等をあげている[7]。

　また、異なる発想を持ち、活動のし方も異なる組織とともに活動することは、NPO・行政両者にとって組織体質の改善のきっかけになる可能性がある（吉田 2003：337-338；東京都 2001：4）。たとえば山岡（2000：11）は、NPOと行政が互いの異質性（長所と短所）を認めたうえで長所を持ち寄りながら短所を補完しあうことによって、社会サービスが改善されるとともに、連携のプロセスにおける異質なもの同士の接触と摩擦を通じた両者の変革がもたらされるとしている。

7　『平成18年度市民活動団体基本調査報告書』では、NPOは行政と連携・協働した活動のメリット（複数回答）として以下のことを指摘している（内閣府 2007：24）。「法人の設立目的に沿った活動が広がる」：60.3％、「法人の活動に対する認知度が上がる」：60.0％、「行政との距離を短縮できる」：43.2％、「法人の活動だけでは難しかった地域・社会の課題解決や市民に有益なサービスの提供ができる」：39.5％、「他のNPO法人やボランティア団体とのネットワークがひろがる」：39.3％、「地域住民との距離を短縮できる」：36.1％、「労力や費用負担を軽減できる」：33.5％、それ以外のメリット：4.1％。

　それ以外のメリットの具体的内容は、「活動への参加者の増加につながる」、「法人の社会的信用が向上する」、「法人内部の意識が向上する」、「行政との協働により、企業との連携がしやすくなる」である。このアンケートには、「特段のメリットはない」（5.8％）、「行政との連携・協働は法人の活動理念に沿わない」（0.7％）という回答もあった。なお、これらに関するヒアリング調査の結果については、内閣府（2007：55-56）参照。

　また、『コミュニティ再興に向けた協働のあり方に関する調査』では、協働事業実施の意義（3つまで選択）として、NPOは以下のことを指摘している（内閣府 2004：57）。「貴団体の地域での社会的責任を果たす」：50.7％、「多様な団体との連携により活動が拡がる」：48.5％、「貴団体の事業活動に対する地域住民の認知度が上がる」：45.0％、「行政との距離の短縮」：29.2％、「貴団体だけでは提供出来ない多様なサービスを提供出来る」：28.2％、「団体単独による事業よりも労力や費用負担が軽減出来る」：23.6％、「NPOへの財政支援に繋がる」：12.6％、「地域経済の活性化や雇用の促進に繋がる」：11.8％、「地域との距離の短縮」：11.3％、「その他」：6.4％、「無回答」：1.3％。

2. 協働の可能性と現時点における協働事業の問題点

「協働」にまつわる問題

しかし、現時点においては、協働に関するさまざまな問題が指摘されている。

新川（2005：10-11）は、協働における行政側・NPO側の問題として以下の点を挙げている。行政側の問題として、①NPOを安上がりに使う姿勢（NPO＝ボランティアと考えて無報酬、あるいは安価で使おうとする傾向）、②アリバイづくりのための協働（協働についての意識や理解を伴わず、形だけ一緒に活動すること）、③NPOの視点や市民的な視点の軽視（NPOのミッションを軽視して単なる受託業者のように扱うこと）、④協働における基準や手続き上のルールの不在（企画立案・協働で行う事業の選定・協働相手の選定・契約・進行管理・評価等のプロセスに関する枠組みがないこと）。NPO側の問題として、①協働への幻想と期待があること（どんなものであれ協働は良いもの、進めるべきものであると考える傾向）、②自らを絶対視する態度と行政依存体質（社会貢献をしているNPOに対して行政は協働、あるいは資源の提供をすべきであると考える傾向）、③事業に対する「甘え」（協働相手として最低限必要な知識・技術すら持っていない傾向）、④ガバナンスの未成熟さ（組織目標の問い直しや運営管理の不十分さ）。

アンケート結果を見ると、NPOは、行政と連携・協働した活動の問題点として〈行政からの資金負担の少なさ〉や〈手続きの煩雑さ〉、〈企画・実施における行政との連携不足〉、〈行政からの過剰な関与〉等を指摘している（内閣府 2007：25）[8]。また、〈行政の協働に対する理解不足〉、〈行政による

8 　その具体的な内容については、内閣府（2007：26-29）参照。
　詳細な回答（複数回答）については、以下の通りである。
　「行政側からの資金負担が少なく、NPO側の経済的負担が大きかった」：26.1％、「実施するまでの手続きが煩雑だった」：18.0％、「企画や実施に際して行政側の関与が少なすぎた」：9.1％、「企画や実施に際して行政側の関与が多すぎた」：5.9％、「実態に合っていない計画だった」：4.3％、「実施に際して発生した問題を行政と法人とが協力して解決できなかった」：3.7％。なお、その他の回答は「問題と感じたことは特段ない」：22.9％、「今まで行政と連携・協働した活動 ↗

NPO の専門性や特色・活動スタイルの軽視〉、〈基礎自治体レベルの意識や施策の遅れ〉、〈行政における前例主義の問題〉や、〈事業の企画における市民参加の必要性〉、〈NPO と行政の間をつなぐコーディネーターの必要性〉、〈補助・助成・事業委託等に関する具体的で分かりやすい情報の必要性〉、〈NPO が行政依存にならず自律性を確保する必要性〉等を指摘する意見もあった（内閣府 2007：43-45）。そのため、今後の行政との連携・協働について、NPO は行政に〈人件費等の経費を考慮した適切な経費負担〉、〈連携・協働に関する手続きの簡素化〉、〈（内容・決定等に関する）積極的な情報公開〉などを要望している（内閣府 2007：41）[9]。

他方で、行政は、事業委託の相手である NPO に対して事務処理能力やサービスの質・量、組織の人材・人員等の面で不満を持っていることが示されている。また、特に市町村レベルでは自治体への過度な依存が生まれたという指摘も一定数見られる（シーズ＝市民活動を支える制度をつくる会 2003：45-47）[10]。さらに、行政は連携・協働の問題点として、NPO は（地域を盛り上げようという気持ちからではあるが）仕様外の要望も多いことや、

↘ を行ったことはない」：12.9％、それ以外の問題：8.2％であった。
　この他、連携・協働の問題点に関する特定非営利活動法人の意見としては、「事業実施と資金受給の時期のずれ」（支払いが事業終了後であるため資金繰りに苦労すること）などが挙げられている（内閣府 2007：56-57）。

9　詳細な回答（2つまで選択）については、以下の通りである。「NPO においても人件費等の経費がかかることを理解し、適切な経費を負担してほしい」：58.8％、「行政と NPO が対等な関係での取り組みであることを理解してほしい」：37.8％、「連携・協働に関する手続きを簡素化してほしい」：30.3％、「連携・協働に関して、内容や決定経過等の情報を積極的に公開してほしい」：22.4％、「連携・協働の成果を評価する仕組みをつくってほしい」：9.9％、「連携・協働に関する条例や指針をつくってほしい」：9.7％、「連携・協働に関する NPO の能力向上研修を行ってほしい」：7.8％、「特に求めることはない」：6.2％、「その他」：5.7％。「その他」には、「NPO と行政との協働から、行政にしか出来ないこと（すべきこと）も分析して、その後の施策などに反映してほしい」、「連携、協働に対する行政の能力向上研修を行ってほしい」というものもあった。

10　この報告書の 50 ～ 53 頁には、NPO への事業委託に関連して苦労した点や意見が記されている。

補助が終われば活動も止まってしまうことがあることをあげ、今後の連携・協働事業の実施にあたっては（NPO の力を大きく左右する）NPO の管理運営者の能力を見抜く必要があることなどを指摘している（内閣府 2007：62）。

また、行政は NPO 支援の効果が測りにくいことや支援によって NPO が行政に対して過度に依存する可能性があることを懸念するとともに、行政がどこまで NPO の支援をすればよいのかわからないこと、NPO がどのような支援に対するニーズを持っているのかつかめないこと、支援策をとる際にどのようにして公平性を確保するかが難しいことなどに戸惑いを感じている（シーズ＝市民活動を支える制度をつくる会 2003：108-109）[11]。

本来協働に期待されることは、相乗効果である。地球産業文化研究所（2004：10）によれば、「協働とは、複数の人やグループが協力して成果を実現するプロセス」であり、その目的は「シナジー（synergy）と呼ばれる相乗効果あるいは『協働効果』が得られること」である。つまり、協働の結果として「1 + 1 = 2（双方の持つものを並べただけ）」でも「1 + 1 ＜ 2（成果よりコストの方が大きい）」でもなく、「1 + 1 ＞ 2（成果の方がコストより大きい）」となることが、「協働の本質的な意義」なのである。

しかし、指摘されている問題を克服する努力がなされなければ、連携すること（協働事業）がお互いの足を引っ張るものになりかねない。

逆にいえば、ここで指摘されたことなどをヒントにしつつ、NPO と行政が連携することによってよりよい成果（物）を生むための留意点や課題について検討することは、今後 NPO と行政が連携・協力していくうえで極めて重要なことであると思われる。

そこで本章では、NPO と行政の協働に関するアンケート調査や論考、先進的な自治体の条例や協働に関する指針、実際の協働事業の取り組み等を参考に、NPO と行政がさまざまな形の協働事業を行うにあたっていかなる点

11　NPO 支援策に関連する自治体の意見などについては、シーズ＝市民活動を支える制度をつくる会（2003：112-114）参照。

第 3 章　日本における NPO と行政の連携・協働の現状と課題

に注意する必要があるのかを考察してみたい。

3. 協働に関するモデルと事業委託におけるポイント

協働に関するモデルとしての「コンパクト」と「ルールブック」

　NPOと行政との関係を考える際にモデルとなるのが、イギリスの「コンパクト」、愛知県の「ルールブック」である。すでに第1章・第2章でこれらの成立過程や内容についてふれたので、ここではポイントを指摘するにとどめたい。

　イギリスでは一時行財政改革の中でサービス供給主体としてNPOの活用が目指されたが、その結果として政府がNPOの活動や財政に与える影響力が強まり、NPOのもつさまざまな機能や活動が制約されるようになった。その反省に立って、政府とNPOは、政府－NPO関係のルール化とNPO独自の価値の発揮のために「ナショナルコンパクト」（イギリス政府とNPOとの盟約）や「コード」（行動規範）、「ローカルコンパクト」（自治体ごとのコンパクト）を協力して策定して、両者が関係を結ぶ際の条件・プロセス等についての約束事を確認した。

　愛知県でも、これにならって『あいち協働ルールブック2004～NPOと行政の協働促進に向けて～』がNPOと行政との共同作業で作成され、これに基づいて協働事業を進化・発展させるための取り組みがなされている。

　今回は、そうした議論もふまえて、NPOと行政がさまざまな協働事業をする際にどのようなことに注意する必要があるのかを検討したい。なお、第1節で見たように、協働にはさまざまな形態の事業が存在するが、本章では特にNPOや公共サービス、市民活動のあり方に与えるインパクトが大きく留意すべき点が多いと思われる事業委託やさまざまな形でのNPO支援に関わるポイントを中心に論じることにする。

事業委託先の選定におけるポイント（企画提案型の事業委託におけるポイント）

『仙台協働本―協働を成功させる手引き―』によれば、委託とは「行政が実施責任を負う事業をNPOに委託して実施する手法」である。NPOへの事業委託には、NPOの専門性・先駆性によって行政にはなかった創造的で先駆的な企画・取り組みをすることや、NPOの専門性・柔軟性を活かしたきめ細かで多様なサービスを提供すること、といった効果が期待できる（せんだい・みやぎNPOセンター監修、仙台市 2005：28）[12]。

しかし、委託は行政によるNPOの下請け的な利用につながりうる。とくに委託先を選定する方法として価格を優先した競争入札をとった場合、「NPOが安易な下請けとして扱われる可能性」がある（椎野 2003：85）。また、競争入札方式では、「安かろう悪かろう」になってしまうおそれもある

12　この他、『―NPO立県千葉実現のための基礎調査―地方自治体のNPO支援策等に関する基礎調査』によれば、NPOへの事業委託によって期待される効果（3つまで選択）として以下のものが挙げられている（シーズ＝市民活動を支える制度をつくる会 2003：37-38）。

【都道府県】

「市民の多様なニーズに対応したきめ細かいサービスが提供できる」：78.3％、「自治体だけでは提供できないサービスの提供ができる」：69.6％、「市民参加の機会の提供につながる」：60.9％、「NPOがより実力をつけ、実績をつくることができる」：45.7％、「委託事業の契約期間終了以降、自発的なサービスの継続が期待される」：19.6％、「地域住民のNPO活動への理解の促進につながる」：17.4％、「庁内のNPOへの理解への促進につながる」：15.2％、「コストダウン」：8.7％、「NPOへの財政的支援につながる」：8.7％、「自治体が行う事業を進める上で、透明性が確保できる」：4.3％、「その他」：2.2％。

【市区町村】

「市民の多様なニーズに対応したきめ細かいサービスが提供できる」：63.5％、「自治体だけでは提供できないサービスの提供ができる」：61.0％、「市民参加の機会の提供につながる」：59.9％、「NPOがより実力をつけ、実績をつくることができる」：29.6％、「コストダウン」：27.6％、「地域住民のNPO活動への理解の促進につながる」：18.2％、「NPOへの財政的支援につながる」：16.3％、「委託事業の契約期間終了以降、自発的なサービスの継続が期待される」：7.5％、「庁内のNPOへの理解への促進につながる」：4.7％、「自治体が行う事業を進める上で、透明性が確保できる」：2.8％、「その他」：2.2％。

(松下 2002：41)。

　したがって、仕事内容を行政側が一方的に決めて発注し、NPOの自主性・創造性・先駆性を損なわないようにしなければならない。そのためには、発想や問題解決の方法、経験、能力等について企画提案してもらい、それを審査して最も優れたものを提出した団体を契約相手とするプロポーザル方式[13]を導入する、あるいはNPOが下請け化しないような仕組みをつくる、といったことも検討する必要があるだろう。

　プロポーザル方式には、新しい課題に対する創造的・先駆的なアイデア、専門性に基づいたアイデア、地域や生活の現場に即したアイデアを獲得できることや、市民ニーズを尊重し事業へ反映できるようになること、などの効果が期待できる（静岡市 2006：42 参照）。また企画による競争には、受託に対する意識の向上や、各団体の体質強化につながる効果もあるとされている（松本 2002：27）[14]。

　ただし、実施にあたってはいくつか留意すべき点がある。

　まず、協働相手を選ぶ際の選定基準（応募資格要件と審査基準）の明確化（せんだい・みやぎNPOセンター監修、仙台市 2005：32）と選定基準・選定主体・選定プロセスの公開（久住 2005：248）、および選定結果の理由の説明が重要となるだろう。つまり、協働事業や協働相手の審査にあたっては、①その手順や基準、そして応募にあたっての質問とこれに対する回答を事前に公開するとともに審査結果については具体的・合理的な根拠も含めて公開すること、②事前に示した審査基準にもとづく採点結果・審査過程・審査員のコメントがすべての申請者に関して公開され、申請者が他団体との比較を通じて学ぶことができることが望ましい（IIHOE 2005：20、22 参照）[15]。

13　プロポーザル方式については、NPO推進北海道会議・北海道総合企画部政策室（2003：25）参照。
14　他方で、こうした方法にはコストがかかる可能性もあり、また過度に競争を煽ることにも警戒が必要であるということを松本は指摘している。
15　他方で、審査委員の自由な発言・協議の確保やNPOの事業に関するノウハウの保護に対して配慮することも重要であり、こうした問題と公開性のバランス↗

こうしたことは、協働に対する信頼性の確保にとって重要だが、NPOの事業能力の向上・力量アップや協働事業の制度の改善にとっても大きな意味を持つ。選考結果のフィードバックを含む選考過程の公開は、採択されなかった団体に対して具体的に改善点を伝える。また、それだけでなく、選考制度そのものの検証につながるなど、大きな効果をもつのである（芝原 2005：49）。

審査メンバーの選考・育成もポイントとなる。NPOと行政の協働のための審査である以上、行政関係者以外も加えたメンバー構成が必須といえるが、そのためには審査員の責任・条件の明確化と必要に応じた審査員のトレーニングも必要となるだろう（芝原 2005：49）[16]。

募集にあたって積極的かつ効果的な広報を行うことも重要である。（協働実績のある）特定の団体との継続的な協働は、スムーズに進みやすいが既得権化やマンネリ化を招く可能性もある。そのため、新しい企画や団体を成長させる機会を確保するために、より多くの提案が集まるように努めることも求められる（せんだい・みやぎNPOセンター監修、仙台市 2005：34）。さらに、事業委託先を選ぶ際には、NPOを特別視することなく企業などと公正に競争させることが自治体のサービスの多元化、納税者利益の増進、NPOの経営革新にとって重要であるという指摘もあり、こうしたことも考慮する必要がある（世古 2000：22：山内 2000：71）[17]。

↘ をどのようにとっていくかが公開プレゼンテーション方式の難しい点である（碓井 2007：36-37 参照）。

16　適切な審査のためには、当該地域や分野における経験だけでなく市民活動団体を運営・支援する能力のある人材を審査会に入れることが重要である。そうした人材を育成するためには、採択された事業の現場や不採択となった団体の活動現場を視察してもらうことが有効な手段となりうる。当然のことながら、事前の打ち合わせや勉強会等を通じて制度について審査員が十分に理解を深めることも重要である（川北 2004：46-47）。

17　山内（2000：71）は、この点について次のように指摘している。「NPO関係者のなかには、NPOの発展を促すため、行政の外部委託業務の一定割合をNPOに発注すべきだという意見や希望もあるようだが、こういう特別扱いを期待するような甘えは許されないと思う。」

これらの点において、提案公募型の事業に関しては、応募から実施にわたってNPO・行政双方に助言をする中間支援組織の存在が有益となる可能性がある。例えば、大阪府では、①応募要件などの事業枠組み、②募集要項等の作成、③審査員の選定や選定事業の評価基準、④協働経験が少ないNPOと行政の橋渡し、⑤NPOによる応募書・企画書の作成、⑥事業実施中の進行管理、といったことについてのアドバイスを中間支援組織に委託することにしている（大阪府 2003：3-4）[18]。当然のことながら、こうした中間支援組織には政策分野における専門性や、ネットワーク・コーディネートなどの能力が求められる（塚本 2007：71 参照）。

事業委託費の積算・支払いに関するポイント

　事業委託にあたっては、経費に対する十分な配慮も必要である。内閣府（2007：39）によれば、行政からの事業委託を受ける際の問題点（複数回答）の中で「委託金額が実際に必要な額に比べて安価であった」という回答が34.4％で最多であった。
　このような状況を反映してか、市民フォーラム21・NPOセンター（2003：65）によれば、「受託する場合の、受託額の積算範囲科目」（複数回答）として、「直接人件費（職員の日当、日額人件費など）」は75.3％、「直接経費（電話代、コピー代、用紙代、通信費など事務経費実費）」は74.0％の団体が含めるようにしているとしたが、「間接諸経費（事務所管理費など）」は43.6％、「技術料（知的価値資源代、ノウハウ料など）」は32.4％の団体が受託額の積算範囲に含めるにとどまっていた[19]。
　また、「事業委託の契約内容や手続きをめぐる問題点」（複数回答）とし

18　大阪府の提案公募型事業の事例については、新川監修、「NPOと行政の協働の手引き」編集委員会編（2003：111-114）でも紹介されている。
19　なお、この他、「外注費（印刷製本費、報酬費など外部に支払う経費実費）」は55.1％、「その他」は9.9％が積算範囲科目の対象とされていた。

て、「行政等は企画のアイデア出しを求めるが、その価値としての企画料については適切に扱わない」(38.4％)、「企画コンペで選に漏れた場合でも、提案したアイデアだけは別企画に吸収されていく」(19.5％) といった、アイデアに対する評価への不満もある（市民フォーラム21・NPOセンター 2003：65)[20]。間接経費[21]やアイデアを適切に評価し、こうした問題に対処することも大きな課題である。

コストダウンや効率性も重要だが、不当に安い価格での契約はNPOとの信頼関係を損ねたり、サービスの質の低下につながる可能性がある。そのため、適切な金額の設定と契約の内容を心がけることが必要となる（我孫子市管財課・市民活動支援課 2004：1；福嶋 2005：65)[22]。

また、内閣府（2007：39）では、行政からの事業委託を受ける際の問題点（複数回答）として「委託の受託決定から資金の支給までの期間が長かった（つなぎの資金が必要等）」という回答が19.9％あった。NPOの財政面を考慮して概算払い、前金払い、分割払いといったかたちで委託料を払うことも、事業の円滑な遂行のために検討する余地があるだろう（岩手県 2007：15；静岡市 2006：53、55)[23]。

仕様書の作成におけるポイント

NPOが下請け化しないような仕組みづくりにおいては、仕様書（具体的な委託の事業内容をまとめた書類）を行政側と受託側の両方で作ることも

20　なお、この他の回答は、「契約時の協議で改善提案しても受け入れられにくい」：23.9％、「特命随意契約は、受託者の選定方法が不適切である」：19.7％、「無回答」：35.9％であった。
21　委託業務における間接経費と直接経費に含まれるものについては、NPO推進北海道会議・北海道総合企画部政策室（2003：55）も参照。
22　なお、委託にかかるさまざまな経費の適切な積算のあり方については、NPOと行政の協働に関する実務者会議（2007）が詳細に検討している。
23　なお、（北海道における）「前金払」、「概算払」、「部分払」については、NPO推進北海道会議・北海道総合企画部政策室（2003：56-57）参照。

考えられるだろう（後・松井編 2004：90-92）。仕様書を作成する際には、NPO が行政の下請け化することなく自主性を発揮できるように NPO の意見をとり入れることも重要である（岩手県 2007：15）[24]。

これについては、たとえば豊中市の提案公募型委託制度では、委託先が決定した後に仕様内容を双方の協議により決定し、NPO の特性を活かすよう配慮している（碓井 2007：33）。協働事業に関する文書は、協議のうえ作成して交わすよりも自治体が作成して交わすことが多いとされているが（明治大学経営学研究所 2005：40）[25]、事業に関する文書を作成する段階で当事者同士が十分な調整を行うことは、お互いに主体性を意識させる上で重要であるといえるだろう。

24　金額を最も重視する競争入札においては、行政が相手の裁量を認めないようなかたちで業務仕様書を作成する（せんだい・みやぎ NPO センター監修、仙台市 2005：34；岩手県 2007：28）。しかし、それは特別な知識や技術を必要としないような、単純なタイプの事業の委託において行われる手法であるといえよう。

25　『地域づくりにおける NPO・自治体の協働の事業化・制度化・システム化の現状に関する全国自治体アンケート調査』では、「NPO との協働事業の実施に際して、事業実施に関わる条件等について規定した文書（契約書、協定書、合意書等）を NPO と交わす場合、該当するものをお答えください」（複数回答）という問いに関して、次のような結果が出ている。「自治体で作成した文書を交わす」：57.4％、「協議の上作成した文書を交わす」：38.2％、「文書は交わさない」：16.5％、「その他」：7.0％、「無回答」：4.0％。

4. NPO支援におけるポイント

NPO支援において求められる姿勢

NPOの支援においてもさまざまな課題がある。

まず指摘しなければならないのは、NPOのもつ政治的価値を十分意識した支援の必要性である。NPOは、多様な価値の表現、社会的に不利な立場にある人々の主張の代弁・擁護、政府の政策や活動の監視といった役割も果たしており、いずれも民主主義にとって重要な機能である。

そのため、行政にとって都合の良いNPOだけでなく、行政に対して批判的なNPOも含めた支援の枠組みをつくる必要がある。NPOは多元的な価値観を持っており、アドボカシー(「行政に物申すこと、対案を提示すること」)を主要な社会的機能の一つとしている(世古 2005b：16)。このような行政に異議を唱える団体も排除せずに公共政策のパートナーとして協働関係を構築することは、民主主義の点から重要といえるのである(牛山 1998：10-11)。

また、久住(2005：234-241)は、市民活動・NPOの支援のあり方として次のことを指摘している。

①「NPOの社会的意義を認識する」

：市民活動・NPOが独自の社会的価値をもち、行政と質の異なるサービスを供給できることを念頭におき、行政の決めた基準で選別・差別しないこと。

②「行政の『下』に置かない」

：NPOを行政の論理で拘束しすぎてボランタリーな活動のもつ機動性や即断即決性という長所を活かせない状態にしないこと。

③「自律のための支援」

：NPOの行政依存を助長せず、NPOが自ら考え、行動できる存在になる

ような支援をすること。

④「すべてのプロセスでNPOとの協働を」

：企画から運営までNPO・市民とともに考えながら支援プログラムをつくっていくこと。

⑤「『NPOによるNPO支援』のバックアップ―NPO基盤の重視」

：NPO活動の環境整備・基盤整備に重点を置いた間接的な形での支援をすること。

⑥「『市民が市民を支える仕組み』の支援―パブリックリソースの重視」

：NPOが活用する人材・施設・資金・情報といった資源を創出し、供給するシステムを広範な市民が参加できる形で側面的に支援すること。

そこで、以上の点もふまえて、NPO支援における留意点を検討したい。

補助金の提供におけるポイント

NPO支援のあり方にはさまざまなものがあるが、まずは補助金の提供があげられるだろう。高橋（2013：44）によれば、補助金は「NPOの自主事業（市民事業）に対し、行政が公共性を見いだし、それを支援・促進するため資金提供を行うもの」である。

こうした資金的補助には、NPOにとっての活動の幅や可能性を広げることが効果として期待される（せんだい・みやぎNPOセンター監修、仙台市2005：28）。

しかし、内閣府（2007：37）によれば、「行政から補助金・助成金を受ける際の問題点」として「手続きが煩雑であった」、「資金の用途の限定が実施上の障害となった」、「支援決定から支給までの期間が長かった」、「金額が少なく、活動に支障が生じた」、「資金を受け入れることによって、かえって活動が制限された」、などと感じるNPOもあった[26]。

26　詳細な回答（複数回答）については、以下の通りである。「特段の問題を感じ↗

第3章　日本における NPO と行政の連携・協働の現状と課題

　そのため、補助事業は法令・要綱にもとづく一定の制約を受けるがあくまで NPO が自主的に行うものであることに留意し、補助の相手先の固定化や過剰な関与などで NPO の自立性・自主性を損なわないことや、委託の際と同様に資金力の乏しい NPO が多いことを考慮して概算払いや前金払いなど支払いのし方を工夫すること（静岡市 2006：57）、適正な金額を設定することなどが重要になるだろう。

　ただし、行政は補助金が税金等を財源にしていることに注意し、公正かつ効率的な使用に努めるとともに、NPO は法令・条例・規則や補助金の交付目的にそった誠実な補助事業の実施に努めることが必要である（静岡市 2006：56）。

　また、公開性の確保や説明責任の遂行、実施過程の最低限のチェックをすることも重要である。支援についての情報を明らかにし、透明性を確保することができなければ、下請け的な団体に対するひも付きの援助であるという疑念・批判を払拭できず、市民活動の発展にマイナスの影響が生じる可能性もある（牛山 1998：16）。公開性・透明性の確保は、市民活動や協働に対する市民の理解・支持を広げるための手段と考えなければならない。

　以上のような公開性・説明責任を果たすものとして参考になるのが、杉並区の事例である。杉並区の NPO 支援基金は、公募委員（区民）、NPO 等活動関係者、学識経験者、その他区長が指名する者によって構成された、区民参加の「杉並区 NPO 等活動推進協議会」が団体登録から審査を行っている。助成申請の審査は、あらかじめ定められたいくつかの基準（ニーズの把握や現状分析の正確さ、地域性、社会への問題提起性、先駆性、発展可能性、実行可能性、公開性、自己資金確保の努力、資金計画の合理性、これら

↘　なかった」：31.6％、「手続きが煩雑であった」：27.6％、「資金の用途の限定が実施上の障害となった」：20.4％、「支援決定から支給までの期間が長かった」：20.4％、「金額が少なく、活動に支障が生じた」：19.7％、「募集時期が限定されていたり、募集期間が短かった」：7.6％、「その他」：7.6％、「支援内容がわかりにくかった」：4.3％、「資金を受け入れることによって、かえって活動が制限された」：3.6％。

の各項目についての整合性）を基にして協議会が行い、助成活動の実施結果報告書については協議会への提出と区のホームページ等での公開がなされている（杉並区HP；西・金川 2005：41-42）[27]。

　また、横須賀市市民協働推進条例の第8条では、NPO等への補助・助成に関して次のような規定がある。「市民公益活動団体及び市長は、財政的支援の手続きに係る書類又はその写しを一般の閲覧に供しなければならない。」、「財政的支援を受けた市民公益活動団体は、これを既得権とすることはできない。」[28]

　実施過程におけるチェックについては、多治見市における「まちづくり活動補助事業」の例がある。この制度では、報告書の提出に加え、報告会での活動報告を義務づけられるとともに、中間報告もしてもらう場合があることが応募要項に記載されており、これによってアカウンタビリティと実施過程における最低限のコントロール手段が確保されている（後 2003：34-35）。また、神奈川県における「協働事業負担金」の要綱においては、行政の側からアカウンタビリティを確保する仕組みとして、知事が必要に応じて状況報告の聴取および調査をできることが規定されている（後 2003：37）。

　必要な関与まで抑制すれば無責任な関係になるが、過剰な関与はNPOを活用する利点を損なう。過剰な関与・過少な関与にならないよう注意しながら、適切な時機・適切な程度で関与するための見極めが重要となってくるのである（松本 2002：27 参照）。

　次に、NPOの行政依存を助長することなくNPOが自ら考えて行動でき

---

[27]　杉並区のNPO支援基金は、杉並区NPO・ボランティア活動及び協働の推進に関する条例に基づいて創設されたものである。これは、区民・団体・事業者からの寄付金を積み立てて、区に登録したNPO法人の申請、杉並区NPO等活動推進協議会の審査を経て、団体の公益的活動に資金支援する仕組みである（杉並区HP；西・金川 2005：41）。

　　なお、この基金には情報の公開性とともに、寄付者に税制上の優遇措置がある、寄付者が寄付金の活用先となる団体や分野を希望できる、という特徴もある（内閣府編 2004：119）。

[28]　横須賀市市民協働推進条例は、山口（2006：21）でも紹介されている。

る存在になるような支援をするためには、公開審査を通じて補助金を支給することが考えられるだろう。公開性がなく、特定の団体の既得権と化した補助は、継続的に行政から（手厚い）補助を受ける団体の行政依存を強める一方で、新しい団体を獲得競争から排除してしまう可能性がある（高橋 2013：45）。本章で述べてきた審査におけるポイントをふまえつつ開かれた競争をとり入れることは、NPOの能力向上に資する手法として考慮する余地があるといえよう。

また、NPOが行政依存体質になることを防ぐためには、「サンセット方式（期間限定補助金制度）」の導入を検討（田中逸郎 2003：84）することも考えられるだろう。同一の団体との安易な関係の継続は、行政にも依存を生む可能性がある。そしてそのような相互依存の高まりは、効果的な事業展開の妨げとなりうる。そのため、協働相手を含む事業の絶えざる見直しが、協働事業においては重要となるのである（東京都 2001：6）。

その他のNPO支援におけるポイント

企画から運営までNPO・市民の知識を得ながら支援プログラムをつくっていくにあたっては、「地域のニーズについて調べ、検討する段階から市民やNPOが参画する深い協働」を目指す姿勢（地球産業文化研究所 2004：22-23）が重要である。また、「恒常的な市民活動とのコミュニケーションに基づく連携」を確保する機関も有効でありうる。例えば、川崎市の「市民活動推進委員会」は、公募市民・市民活動団体・中間支援組織・学識経験者・その他市長の推薦する者を委員とし、さまざまな支援施策に関する評価や助言、市民活動団体と市の調整、協働の方向性に関する協議・提言などの活動を行っている（武藤 2001：46-48）。

次に、主にNPOや市民によるNPO支援のサポートという点から行政のNPO支援におけるポイントを指摘したい。これに関しては、ここまで述べてきた補助金の提供以外の支援形態を中心に検討する。

4. NPO支援におけるポイント

　支援の方法としては、金銭的なものだけでなくさまざまなものがある。まず人材育成について言えば、次のような人材育成に関する施策は市民活動の内容に干渉せず市民にとって貴重な情報を提供することにつながるものであり、意義があるといってよいだろう。それは例えば、①ホームヘルプサービスを行うための講習のような専門技術の取得に関する支援、②公的援助を受けるための手続きや会計処理の方法、あるいはNPO法人に関する手続きなどのような市民活動を行うにあたり必要な事務手続き等に関する理解を深めるための講習、③市民事業の起業等に関するマネジメントの講習、などといったものである（牛山 1998：19-20）。

　川崎市は、人材育成の際のポイントとして以下のことをあげている。①市民活動団体が行うのが基本だが、行政が関わる場合は間接的に（市民活動団体や中間支援組織に委ねての支援）、②ボランティア講座のようなすそ野の拡大や市民活動の啓発などが目的の活動は積極的に（ただし、市民活動団体や中間支援組織の力量が高まればそれらに委ねて）、③理事会メンバー等団体の運営自体や方向性に直接関わる人材については行政が直接関わらず大学やシンクタンクと連携して（川崎市 2001：8-10；武藤 2001：50-51）。

　NPOの市民的視点などを損なわないように、極力活動内容には介入することなく市民活動の基盤を強化することが人材育成の支援においては重要であるといえる[29]。

29　なお、資金的支援についても行政から直接補助金を出すよりも条例等に基づいた基金や公益信託、財団等の中間支援組織を通じた助成金というかたちで出す方が望ましいという議論がある（山岡 2005：96）。たとえば、県の持つ債権を活用して設置された「かながわボランタリー活動推進基金21」は、条例に基づく基金方式であるため、以下のようなメリットがあるとされている。①財源になる債権の担当部局と資金を交付する部局が異なるため、NPOと担当者の間で「お金を出す側・もらう側」というよりも対等な立場での協働になりやすい。②条例による制度化などによって翌年度の支出総額がほぼ確定できるため、募集・選考を前年度中に行い4月から事業開始できる（地球産業文化研究所 2004：39）。
　さらに、間接的な方法をとる資金的支援には、融資制度の支援という方法もある。これについては、市民基金・市民バンク等の民間主体の融資枠組みへの低利融資や信用保証などが現実的であるという指摘がある（山内 2000：71）。なお、↗

次に情報提供であるが、これには「NPOに関する統計の整備」、「NPOの個別情報の収集のための制度整備」といった「環境・基盤整備」や、「NPOの個別情報の整理・公開」、「民間NPO情報機関による情報公開の支援」といった「直接支援」がある（久住1997a：175）。

NPOが行政に対して求める支援策として、情報提供に関わるものへの期待は大きい。内閣府（2008：38）によれば、「NPO法人の活動への参加者や支援者を増やすために行政に望む支援策」として、〈協働事業に対する広報の増加〉、〈NPOの活動や取り組みに関する広報の増加〉、〈認定NPO法人制度の内容や活用法についての学習支援〉、〈NPOの情報発信能力を高めるための学習支援〉、〈NPOに関心のある市民や企業のためのNPOデータベースの構築支援〉等がある[30]。また、内閣府（2004：82参照）によれば、財団法人・社団法人や社会福祉協議会、商工会議所、民間企業、地縁組織などの

↘ 市民バンク・市民基金については内閣府編（2004：142）参照。
　基金や公益信託、融資、信用保証などは、事業委託や補助・助成と比べると自治体における協働事業の費用形態としてかなり比率が低いが（シーズ＝市民活動を支える制度をつくる会 2003：6，7，78-82；内閣府 2004：20）、今後はこうした形でのNPOと行政の連携も検討の余地があるかもしれない。

30　詳細な回答（2つまで選択）については、以下の通りである。
　「NPO法人の活動の社会的意義を理解してもらうため、社会や地域の課題の解決に向けて、行政とNPO法人とが協力して取組む事業に関する広報を増やしてほしい」：37.2％、「NPO法人の活動を幅広い世代に理解してもらうため、自治会や町内会、PTA、企業等の様々な団体とNPO法人とが一緒に活動できる機会を増やす支援をしてほしい」：35.4％、「NPO法人の活動に対する認知度を上げるため、個別のNPO法人の活動や取組に関する広報を増やしてほしい」：29.7％、「寄付の増加につなげるため、認定NPO法人制度（認定NPO法人への寄付者に対して税制上の優遇措置が与えられる寄付金税制）の内容や活用方法を学べる支援をしてほしい」：23.1％、「NPO法人の活動を若者や学生に理解してもらうため、NPO法人でのボランティア体験やインターンシップの機会を増やす支援をしてほしい」：13.9％、「NPO法人自身の情報発信の能力を高めるため、情報発信の手段や方法、ノウハウを学べる支援をしてほしい」：11.4％、「NPO法人に関心のある市民や企業がNPO法人の情報をわかりやすく正確に得やすくするため、全国のNPO法人の活動内容・組織体制・財政状況を集約したデータベース（定期的に更新され、信憑性の高いもの）の構築を支援してほしい」：9.7％、「特に求めることはない」：7.1％、「その他」：13.1％。

さまざまな団体がNPOを事業のパートナーとして選択する際の情報収集方法として「自治体からの情報入手」が最も多く活用されている。

　NPOにとって、自らの目的や役割を広くわかりやすく説明して共感者を増加させることは重要であるにもかかわらず、日本においてはこの部分が弱いといわれている。本来広報・宣伝は、NPO自身の努力で行うべきことかもしれないが、団体名簿などの発行に対する財政的支援や、「インキュベーター機能」として個別のNPOについて行政広報等で取り上げることなどは考えられてよいだろう。ただし、その場合はテーマや内容等について必要性の判断を明確にしたうえでの広報支援が重要であり、行政はこの点においてアカウンタビリティを高める必要がある（評価システム研究会　2002：60-61）。

　情報提供には、この他にも行政からの委託や企業・住民からの寄付、基金の設置などに関する情報を提供することや、国内外のNPO等の事業構造を研究してNPOに多様なビジネスモデルを示す方法も考えられる（総務省　2005：11-12）。こうした支援策の活用も、協働事業やNPO活動を活性化させるうえで検討の余地があるだろう。

5. 協働事業をより有意義なものにするための課題

ここまで、各種アンケート調査やNPO政策に関する論考、自治体の資料・政策動向などをもとに、NPOと行政の協働がもつ可能性や問題点、そしてポイントを論じてきた。そこで、最後にそうした論点もふまえて協働事業をNPO、行政、市民にとってより意義のあるものにするための課題について指摘して本章を締めくくりたい。

NPOと行政の協働事業のバージョンアップにとって重要な作業は、協働事業の評価とフィードバックである。（協働事業の）評価には、①その結果を後の事業に反映させることで業務の改善をもたらす、②行政組織の意識やメンバーの能力の向上をもたらす、③事業の姿をわかりやすく説明することで市民・議会に対するアカウンタビリティを高める、④相互評価を通じたNPOと行政の相互理解を促す、⑤市民・行政・議会等の間での共通言語を生み、政策論議の活性化と地域における政策形成能力・自治力の向上をもたらす、などといった意義・効果がある（直田 2003：139-140）[31]。

そのため、あいち協働ルールブックにおいては、事業の実施結果の評価・公表の習慣の確立、協働の内容に応じた評価の視点や方法等の工夫、外部の者の意見の聴取、評価結果の次回の協働へのフィードバックなどが行政とNPO双方に求められている（NPOと行政の協働のあり方検討会議 2004：23-24）。

ところが、全国的に見れば日本においては協働に関する評価は十分に確立・浸透しておらず、特に市区町村レベルではその傾向が顕著であるといわれている[32]。したがって、まずは協働評価の試みを広げていくことが重要で

---

31 もちろん、②の意識や能力の向上という効果は、NPOにももたらされると考えられる。

32 たとえば、シーズ＝市民活動を支える制度をつくる会（2003：32）、内閣府（2004：27）、明治大学経営学研究所（2005：34）参照。

あるといえよう。

　ただし、NPOと行政の協働に関する評価については特に留意すべき点がある。たとえば、評価の際のチェック基準として、コストパフォーマンスのみならず、対等性や民主的な手続き、プロセスの透明性、信頼関係の構築などといった、市場契約型のモデルにはない要素（協働のプロセスの評価）も入ってくる（金川 2006：22）[33]。

　さらに、協働を通じて互いの組織や活動内容の改善がもたらされたかという観点や、協働事業に地域の人々を巻き込んで地域の問題解決力の向上をもたらしたかという観点からは、「能力開発、自己（組織）改革の視点」、「PI（パブリック・インボルブメント）の視点」をポイントとして指摘する議論もある（内山 2003：77参照）[34]。

　もちろん、協働で事業を行うからには、単独で事業を行ったときと比べてどれだけ相乗効果を発揮できたかを検証する必要もある（奥野 2005：23参照）[35]。また、大阪府の言う目的の達成、住民の満足度の向上といった要素（大阪府 2003：2；西・金川 2005：41）も考慮されるべきであろう。

　協働の原則やプロセスに関する評価は、内容が質的で把握が困難なものである。それだけに、合理的かつ簡便な指標を設定する工夫をすることや、評価コストが過大なものにならないように注意することも必要である（金川 2007：42-43参照）。

　その一方で、やはり評価プロセスを改善する努力は必要である。評価のあり方そのものについても、必要に応じて更新し、評価システムの社会性・合理性・正統性・汎用性を高める（評価システムを成長させる）ことができる

---

[33]　プロセスの適切さを測るためには、たとえば東京都のいうように「情報交換など意思疎通度」（東京都 2001：17）といったことを評価する必要もあるだろう。

[34]　能力開発、自己（組織）改革の視点とは、関係者の意識・能力がどの程度向上したか、学びの実感があったか、組織がどのように変化したかであり、PI（パブリック・インボルブメント）の視点とは、事業遂行のプロセスにどれだけ関係者や第三者を巻き込むことができたかである。

[35]　相乗効果の発揮度合いを測るためには、東京都のいうように「社会貢献活動団体の持つ特性の発揮度」（東京都 2001：17）などを評価する必要があるだろう。

ように、評価システムを管理することが重要である。そのためには、情報公開を通じた検証がなされなければならない（評価システム研究会 2002：63）。

このような評価には、NPO・行政という協働事業の当事者はもちろん、協働について精通した人の客観的視点や、（可能な限り）多様な人々の視点を取り込む必要もある。たとえば、三重県においては、NPO・行政双方が「NPOと行政の協働事業自己チェックシート」にチェックしたものを第三者のコーディネーターが確認し、その相違点を明らかにしたり、両者が気づかなかった視点を引き出すということをしている（森西・田中 2003：137）。こうしたプロセスは公開の場で行われて一般参加者の意見も取り入れることによって、さらに協働を改善するための案が作成されることになる（世古 2005a：68）。このような作業も、協働のバージョンアップに資する可能性があるといえよう[36]。

協働事業は、NPO・行政双方の能力向上や視野の拡大、地域にとっての公共サービスの充実や地方自治の活性化、そして民主主義の強化に貢献するような形でなされることが重要である。そのためには、NPOの機能や特徴、視点やアイデアなどを可能な限り評価し発揮させる形で事業を運営することが必要となる。

他方において、協働事業の多くで公金が使用される以上、一定の成果をあげなければならない。また、協働事業の内容が不透明・不公平なものであれば、今後の市民活動の発展にとってマイナスになりかねない。

したがって、公的資金を活用する事業に参加するNPOにはそれだけの能力が求められるうえ、その公的資金をめぐって他のNPOや企業などと競争

---

[36] このプロセスの詳細については、評価システム研究会（2002：67-68）参照。なお、世古一穂は、こうした作業を行う能力を持った協働評価者（アセッサー）を養成することが協働の評価の推進における課題であるとしている（評価システム研究会 2002：69）。

する場面も出てくる。また、事業の立案・実施の過程においては制度への信頼を確保し、協働事業をよりよいものにしていくための細心の注意が求められる。当然のことながら、事後評価において、NPOと行政の連携・協力（協働事業）において守るべき原則が守られたか、連携・協力の効果が発揮されたかをさまざまな視点から検証しなければならない。

　今後は、行政がNPOの機能や特徴、視点やアイデアなどを可能な限り評価し発揮させるよう留意するとともに事業の公開性や実効性の確保に努めることはもちろんだが、それとともにNPOにも協働事業を賢明に活用して自らを鍛えていく姿勢が求められるだろう。

　さらに、行政・NPOだけでなく一般市民が協働事業への参加や協働事業のチェック、そしてそれらを通じた政策提案に関わってくるようになれば、協働事業が公共サービスの質・量における充実と地方自治・民主主義の活性化に寄与するところはいっそう大きくなるのではないだろうか。

第4章

NPOの特質と「協働」論

1. 本章の課題

　さまざまな社会問題が複雑化・多様化していく中で、政府や企業では対応できないような問題を解決しうる存在としてNPOへの期待が高まっている。

　非営利セクターにおける組織や活動は規模・分野ともに多様であり、制度も国ごとに多様であるため、非営利セクターを総体的に把握し、議論・分析することは困難である。しかし、非営利の活動が世界の各地に存在し、社会に対して大きな影響を与えつつあることが明らかになっている（金谷 2007：15-16）。

　日本においても、近年NPOの台頭が話題になっている。特定非営利活動法人だけでも、2012年2月末時点で4万4845団体が認証されている[1]。そして、多くは小規模で活動の継続性も異なるが、非営利セクターのすそ野を広げるうえで大きな役割を果たす任意団体は、これよりはるかに大きな規模で存在すると考えられる（金谷 2007：71-72 参照）。

　また、行政とNPOがますます関わりを持つようになってきている。前章で紹介したように、内閣府によれば、1995年以前には都道府県の5.0％、市区町村の19.1％が協働事業を行っているにすぎなかったが、2000年以降多くの協働事業が開始され、2003年時点で都道府県の100％、市区町村の66.3％がNPOとの協働事業を実施している。特に事業委託については、都道府県の100％、市区町村の80.5％が実施している（内閣府 2004：9、11、13；金谷 2007：86）。

　しかし、行政とNPOの関係が深化するなかで、以下の点に注意する必要がある。行政は、NPOの機能・特性を発揮させるような形でNPOを社会の中で活かそうとしているのであろうか。NPOを安易な下請け（行財政改

---

[1] なお、2012年2月末時点で5434団体が解散、960団体が認証取り消しとなっている。特定非営利活動法人の認証数については、内閣府　NPOホームページを参照した（2012年3月31日）。

革、とりわけ財政改革の手段）として考えていないだろうか。他方でNPOの側も、当面の運営資金を獲得するために自らの組織の目的や特性を忘れ、行政だけで一方的に決めた枠組みや費用の中で委託事業などを獲得することを目指すようになっていないだろうか。

　本章で述べるように、異なる強みと弱みを持つNPOと行政の連携は、うまく機能すれば相乗効果の発揮（公共サービスの改善）、双方の組織の活性化、地方自治の活性化などといったさまざまな効果をもたらすことが期待できる。

　その一方で、行政とNPOのあり方しだいでは、財政難にあえぐ行政と資金難で仕事が欲しいNPOの間で、行政の「費用削減」という本音を「協働」、「新しい公共」という建前で隠蔽した「協働という名の下請け」（高橋 2013：43-44）が起こりうる。

　そこで、本章ではアメリカや日本における議論を参考にNPOの特性や政府－NPO関係論について概観したうえで、NPOと政府・行政との協働が期待される効果をあげられるようにするための課題について論じたい。

2. NPO に関する理論

NPO の存在理由とその台頭・発展に関する理論

まず、(公共サービスを提供する主体として政府が存在するにもかかわらず)「なぜ NPO が存在するのか」ということを説明する理論について紹介する。

NPO がなぜ存在するのかという問題に対してこれまで多くの考察が行われてきたが、その先駆的な役割を果たした研究者として挙げられるのが、ワイズブロッドである。ワイズブロッドは、政府による準公共財[2]の提供は不十分であるとする。なぜなら、第1章で既に述べたように、政府によるサービスの量と質は政治過程(投票)を通じて決まるため、結果的に政府は多数派を占める平均的な選好を持った人々(「中位投票者(median voter)」)の希望に合うようなサービスを提供せざるをえないからである。そのようなサービスは、すべての人のニーズを満たすものではない。どうしてもサービスの内容に不満をもつ者が現れてくるが、そういった人たちの残余的なニーズを満たすために非営利組織が登場するというのである。この理論にしたがえば、国民(有権者)が同質的でサービスに対するニーズも均質的なところでは NPO はあまり生まれず、逆に多様な人々によって構成され、サービスに対するニーズも多様なところでは NPO が多く生まれるということになる[3]。

教育経済学者のジェイムズは、ワイズブロッドの理論をより発展させて、NPO の存在根拠として「超過需要(excess demand)」と「差別化需

2　公共財、準公共財と、政府によるこれらの過少供給(の可能性)については、伊佐(2008:106-115)参照。

3　ワイズブロッドの中位投票者理論については、Weisbrod (1986) を参照。その他、邦語文献では川口(1997:43-44)が、ワイズブロッドの議論を紹介している。

(differentiated demand)」の概念を提示した。超過需要とは、政府によるサービスの供給が増大する人々のニーズに追いつくことができない現象を指す。近代化の過程で高等教育へのニーズは急速に高まるが、政府による対応には限界があり、とてもそれに追いつくことができない。そこで、その穴を埋める形で私立の学校が登場するというのである。なお、ジェイムズは、日本は決して途上国ではないが、多くの西側諸国と比べて急速に工業化が発展したことや、戦後政権をほぼ独占してきた自由民主党の政策によって政府によるサービスの供給が抑えられたことによって、私立大学等が増加したとしている。

また、教育においては宗教を基盤にした独自の教育理念からの需要が生まれることがある（差別化需要）。しかしながら、政府はこうしたニーズに対応することが困難である。そこで、特定宗派のミッションを色濃く反映した私立学校が、アメリカやヨーロッパで登場することになるというのである。

ただし、差別化需要は教育に限ったものではなく、準公共財一般に当てはまるものであると言ってよい。ジェイムズは、スウェーデンとオランダを比較して、宗教・言語等に関して同質性の高いスウェーデンにおいては主に政府がサービスを提供するが、社会における異質性が高く、文化的な相違が社会の隅々にまで浸透しているオランダにおいてはそれだけサービスを提供する民間の組織が出てくることになるとしている。また、ジェイムズはこの理論から、文化的多様性が高い都市部において非営利組織が活躍できる余地があるとしている[4]。

最後に、政府の失敗として官僚制化とサービスの画一化の問題を指摘する議論を紹介しておく。これも既に述べたことであるが、政府はしばしば「レッドテープ」と呼ばれるように厳格なルールに拘束される（Douglas 1987：49-50）。そのため、問題に応じて柔軟な対応をすることが困難である。また、その行動には煩わしさや対応の遅さ、対人サービスとしては冷た

4　ジェイムズの議論については、James（1987：400-403）、および川口（1997：44-46）参照。

い反応がつきものであるとされる（サラモン 1994：26-27 参照）。

　それに対してNPOは、メンバーの合意によって即行動することが可能であり、政府と比較して自由に活動を行うことが可能である。たとえばNPOは、サービスを提供する相手や料金などについて比較的自由に決めることができる。すなわち、NPOは「法の下の平等」に縛られる必要がないために、迅速で多様なサービスの提供が可能となるのである。

　しかし、これらの議論だけでは、NPOの大規模な生成・発展を理解するうえで不十分である。NPOの生成・発展には、政府の育成・支援も大きく関わっている。これを説明するのが、既に第1章でも紹介したサラモンの議論である。サラモンによれば、アメリカでは古くから私立学校の支援、社会サービス供給における連携などの形で政府とNPOの間にパートナーシップが存在し、政府支出の拡大とともにNPOも成長していった（サラモン 2007：95-98；サラモン 1994：98-104；田中建二 1999a：171-172 参照）。

　サラモンは、国家責任が承認された後においても大きな政府機構がサービスの財源調達とサービス供給の両方を行うことを好まないアメリカにおける公共サービスのあり方を説明するために、「第三者政府（third-party government）」の概念を提示した。つまり、アメリカでは政府が優先順位（方向性）を決定して財源を生み出し、サービスの提供や公的なプログラムの実施については連邦政府以外の多様な第三者に任せる（Salamon 1989：9）独特の「福祉国家」が築かれたというのである。そしてNPOは、この第三者政府の機関の一つとして政府プログラムの執行に携わっており、19世紀後半までには公的セクターの一部と見なされてきたというのである[5]。

　このサラモンの議論は、従来の理論においては政府とNPOとの間の共生的な関係が抜け落ちていることを指摘し、NPOと政府は相互補完的であり協働しうるということを主張した（安立 2008：43-44 参照）。これによって、その後のNPO研究に新たな視座を提供することに大きな貢献をしたのであ

5　第三者政府の概念については、サラモン（2007：47-51）、田中建二（1999b：347-352）、初谷（2001：110-111）および原田・藤井（2010：27以下）参照。

る。

　政府と非営利セクターが協力してサービスを提供するパートナーシップの存在、深化は多くの国においても見られ（金谷 2007：37-43）、世界の国々でも、20世紀の後半に政府セクターからの資金や支援を受けて非営利セクターが公共サービスを提供する形でのパートナーシップが拡大したことによって、非営利セクターの成長が促進されたといわれている（金谷 2007：16）。

NPOと政府・行政の特性の違い

　すでに述べたこととも関わるが、ここからは、政府・行政と比較してNPO（市民活動）にはどのような特徴（強みと弱み）があるのかを論じたい。
　NPO推進北海道会議・北海道総合企画部政策室編（2003：145参照）によれば、NPOの特性として、次のようなものがあげられる。
・柔軟性：公平・公正を重視する行政と異なり、さまざまなニーズに合わせて柔軟にサービスを提供できる。
・機動性：法律・予算などに基づいてサービスを提供する行政よりも、地域の課題解決に向けて素早い対応ができるとともに、縦割りの多い行政組織よりも、課題に応じて横断的な組織の形成が容易である。
・専門性：自らの得意分野において、そのネットワークを活かした活動をすることなどで、さまざまな能力を蓄積して専門性を高めることができる。
・先駆性：前例や採算性にとらわれることなく、独自の発想によって試行的・先駆的な取り組みができる。
・自主性：自らの掲げる社会的使命（ミッション）のために、自発的な活動ができる。
・多元性：最大公約数的・画一的な行政サービスに対して、さまざまな価値観に応じた多元的なサービスの提供が可能である。

・批判性:「地域社会のモニター装置」として、地域課題の発見や問題点の指摘、改善策の提示をすることができる[6]。

　他方で、NPOには、政府・行政と比べたときに弱点もある。サラモンはNPOの短所・欠点、すなわち「ボランタリーの失敗」として4つの問題点を指摘したが、その中にNPOの不十分性という問題がある。つまり、寄付やボランティアに頼る部分も大きいNPOだけでは、現代社会におけるニーズを満たすには不十分である。まず、強制的に税金を徴収できる行政機関と異なって、NPOはサービスを生み出すための資金や労働力を強制的に集めることができない。また、寄付などはその時の経済状況に左右される可能性があるとともに、社会問題が深刻な地域であるほど寄付やボランティアをする余裕のある人が少ない可能性が高いという問題もある(サラモン 2007：52-53；田中弥生 1999：48-49 参照)。

　なお、ここで注意が必要なのは、「非営利」というのは全くのボランティアとは異なるということである。「非営利」、「営利を目的としない」というのは、その活動に対する対価を取れないこと(無償でなければならないこと)や、収益事業を行えないことではなく、活動の収益を関係者で配分せず、組織の目的の実現のために使用することを意味している(仙台NPO研究会 1999：2、24)。

　NPOの活動には費用がかかる。例えば、有給のスタッフがいる場合には人件費が必要となるし、事務所の家賃や光熱費、通信費、コピー代、会議をするための会場費、イベント費や宣伝費などが発生する場合もある(飯

6　「批判性」に関連して、NPOの持つ重要な機能としてあげられるのが、アドボカシーである。つまり、NPOは、サービスを提供するだけでなく、社会における諸問題について自ら主張したり、自ら声を上げることが困難な人々の声を代弁して社会に訴える機能を果たすことがある(今田 2003：13)。さらに、NPOの政策提言的な機能も、社会において重要な役割を果たしている。NPOのアドボカシーによって、行政の施策や行動が広く検討されるようになると、そこに問題があったとしても危機的な状況になる前に修正することが可能になるのである(山岸 2004：23)。

表2　行政と市民活動の特質

項目	行政	市民活動
基本的特徴	・法や条例にもとづく権限が付与され、強い権限の行使が可能（強制力） ・安定した組織力、財政的な基盤が確立	・現場ニーズに即した多様性やきめの細かさ ・初期からの先駆的対応、先進性が可能 ・財政的基盤や組織力は安定的でない
対応の原則	・公平性や均等性、中立性が重視される ・画一的、機械的な対応が生じ、きめの細かさに欠ける	・自発性や主体性、自立性が重んじられる ・対象者への個別性が生じ、公平性の視点から離れる
組織面	・組織活動の面で安定性、継続性を有する ・人員は比較的豊富で、継続的雇用がある ・財政面での安定性がある	・組織人員の縮小や移動が生じ、不足ぎみ ・組織の安定性、継続性にやや欠ける ・財政的基盤が弱く、不安定さを抱える
活動の特徴	・対象者への公共サービスを均等・公平性、中立等の観点から供給する ・活動は組織的、体系的に実施される ・組織の縦割りがあり活動が制限される、組織を越えた協力関係が成立しにくい	・状況や対象者に応じ、サービス供給や対応が柔軟で多様な形で実施される ・地域性や現場性を生かし、個性的に行われる ・組織の壁を越えて柔軟に行動する、ネットワーク型（横つなぎ）活動が展開される
専門性等	・専門技術情報、統計情報等の収集、活用 ・法令の制定・解釈等の法令技術 ・政策手法開発、行政指導や政策適用の蓄積	・現場情報や行動体験等の蓄積・活用 ・現場での問題解決手法の蓄積 ・組織ネットワーク化の手法

出典：田中充（2003：156）。

田 2003：16）。また、先駆的な活動や専門性のある活動をしようと思えば、そのためのアイデア・ノウハウの開発には一定のコストもかかる（阿部2003：124参照）[7]。

7　NPOを維持・発展させるためには、この他にネットワークづくりのための費用、ボランティアや会員を組織するための費用、スタッフの研修や調査・研究 ↗

したがって、行政がこうしたコストを十分認識せず、NPOを単なる安上がりの行政のために使おうとすれば、さまざまな問題が生じる可能性がある。

↘ のための費用、組織運営や事業を適切に遂行するための費用、資金調達および財務・会計のための費用などのさまざまなコストがかかる（松井 2003：79 参照）。

3. 政府（行政）− NPO 関係の理念と実際

協働の概念・理念と形態

　ここからは、NPO と行政の関係を検討していくが、それにあたってまず、近年注目されている「協働」という概念について説明したい。

　内藤（2006：132-133）は、いくつかの自治体の定義を挙げて、協働には「コンセンサスのとれた定義は存在しない」としている。

　しかし、十枝（2007：215）は、地方自治体の制定する協働に関する条例・指針での協働の捉え方は、おおむね以下のようなものであるとしている。

　「協働」とは市民（NPO）と行政が目的を共有し対等の立場で協力することである。「協働」が目指すところは、共通の目的を実現させるために互いの特性や強みを受け入れ、認識、尊重しあいながら協力することによって、相乗効果をもたらすことである。

　また、NPO の側や研究者等の議論の中には、協働について以下のような記述がある。
日本 NPO センター編（2006：38）
　協働とは、「異種・異質の組織」が、「共通の社会的な目的」を果たすために、「それぞれのリソース（資源や特性）」を持ち寄り、「対等の立場」で「協力して共に働く」こと

大久保（2002：80）
　NPO、行政、事業者、住民等、立場の異なるさまざまな主体が、それぞれの価値や能力を理解・尊重すると同時に、相互に批判を受け入れ、共通の

認識をつくり、対等なパートナーとして連携・協力して、さまざまな社会問題に取り組むこと

木原（2003：22）
　協働とは「公共活動の共通目標を達成するために、パートナーを尊重した対等の関係で共同活動を行い、活動の成果を相乗効果的に創出させる戦略的、実践的行為」です。また、協働を通じてお互いの組織や活動内容の刷新・向上をはかるための変革を前提とした行動原理でもあり、協働関係主体には、信頼関係で結ばれた緊張感ある責任分担を前提に、「共に学び」・「共に育ち」・「共に変わる」という行動規範が求められます。

　つまり、協働とは、異なる主体が、資源を持ち寄って、対等の関係で、相乗効果をあげるような形で、互いの価値や能力を尊重しながら、協力して活動することといえるだろう。そして、その過程の中では互いに緊張感を持って、相手に批判すべき点があれば批判しながら、相互が自己を革新・刷新することが期待されるようである[8]。
　それでは、協働とは具体的にどのような活動のことを言うのであろうか。菅原（2006：168）は、協働には次のような形態があるとまとめている。
委託：NPOの専門性や先駆性を活用するために、事業をNPOに委託して
　　　実施する形態
事業協力：NPOと行政が、両者の特性を活かせるようなかたちで役割分担
　　　し、協力して一つの事業に取り組む形態

---

[8]　大高（2009：101、104-105）によれば、「協働」とは、立場や特性・文化の異なる社会的アクターが、互いの違いを認め合いつつ各々の責任と役割を担い、補完・協力して共通の目的の実現に取り組む行為であり、特にNPOと行政との関係でいえば市民側の持つ資源（ボランタリーな関与やネットワークなど）と行政側の持つ資源（資金など）を積極的に結合した「パートナーシップ」によって従来の「従属」か「対立」かというNPOと行政の関係における二元論の限界を乗り越えようとする試みといってよいであろう。

協議会：NPO や行政など多様な構成員による協議会を設置し、これが主催者になって協働事業を行う形態

共催：NPO と行政が、共に主催者として協力して一つの事業を実施する形態

情報提供・情報交換：NPO と行政が、互いに情報・知識を積極的に提供しあってお互いの情報を共有する形態

助成（補助）：公益性の高い NPO の事業に対して、行政が資金的に支援をする形態

後援：公益性の高い NPO の事業に対して、NPO の社会的な信用の向上などを目的として行政が金銭や物品以外の支援をする形態

　牛山（2007：16）は、「協働」が議論されるようになった背景として、住民側の環境変化と行政側の環境変化を挙げている。住民側では、それまでなされてきた市民運動・住民運動の問題提起に加えて、政策提案や問題解決の方向性の提示という運動スタイルが現れ、政策実施にも踏み込むものが出てきた。行政側では、財政に余裕がなくなったことに加えて、本来の住民ニーズに合わせて政策の優先順位をつけなければ住民の支持が得られないという事態が生じてきた。こうしたことから、住民と行政がサービスの供給、政策の選択において互いの目的の実現のために協働する必要が生じてきたとされている。若林（2009：140）は、1995 年の阪神淡路大震災を契機とするボランティアへの注目や、それを受けての特定非営利活動促進法制定と法人格を有する NPO の増加、行財政改革の流れや 80 年代における福祉改革の流れ、高齢化・国際化・環境問題といった行政組織が単独で解決することが困難な問題の増加が、日本における協働の背景にあるとしている。

協働に期待される効果と政府－NPO 関係における懸念

　東京都（2001：4）、NPO 推進北海道会議・北海道総合企画部政策室編

(2003：15) をまとめると、協働は NPO、行政、住民にとって以下のような効果をもつということになる。

NPO にとっての効果
・行政の持つ資源（情報・調査力・資金など）を活用することで、自らの使命を効果的に実現することが可能になる。
・適切な会計処理や事業報告が求められ、より責任ある組織運営をするようになる。
・組織の活動の場や幅が広がる。
・NPO の活動に対する住民や行政の理解・評価が高まる。

行政にとっての効果
・NPO の柔軟性や専門性などを活かして、多様なニーズに迅速かつ的確に対応することが可能になる。
・異なる発想や行動原理を持つ NPO とともに活動することで、組織の体質が改善される。
・行政の事業の見直し、行政の効率化・スリム化につながる。
・住民の行政への参加が促進される。

住民にとっての効果
・きめ細かで柔軟なサービスを受けることができる。
・多様なキャリアを持つ人々にとって新しい活躍の場、雇用機会が生み出され、生きがいの向上につながる。
・行政への関心が向上し、行政が身近になる。

　また、先に指摘した NPO・市民活動の特徴とも関連するが、市民（NPO）と行政のパートナーシップには以下のような効果が期待される（田尾 1999：196-197)。

第 4 章　NPO の特質と「協働」論

・サービスの送り手と受け手が近接しており、行政自身がサービスを提供するよりも時間的なコストを削減できる。
・大胆に革新的なことを実行し、行政サービスの革新ができる。
・地域の事情に合わせた行政サービスが提供できる。
・声をあげられず、行政には気づかれにくい「潜在的なクライエント」を検出することができる。

　さらに、NPO が公共サービスを担うことは、福祉・環境・まちづくりなど NPO の得意分野におけるノウハウ・人材の蓄積を活用すること、ボランティアや寄付によりサービス提供のための人的・資金的資源を広く開放的に調達すること、公共サービスの創出・政策形成過程を市民とともに行うこと（「政策形成の市民化」）にもつながるとされる（久住 2005：216-220）。NPO と行政がお互いの長所を活かし、お互いの欠点を補うようなかたちでパートナーシップを組むことができれば、双方にとって利益となる「ウィン・ウィン関係」を生むことができるのである（金谷 2007：43-44）。

　もっとも、こうした協働の効果は、ともに活動を行う NPO と行政との連携が成功した際に生じるものである。「協働」が注目されるようになった背景に行財政改革があると述べたことからもわかるように、NPO と行政の関係次第では、NPO のサービス供給主体としての側面ばかりに注目が集まり NPO がもっぱら行政コスト削減のための手段として利用されることによって、NPO のもつ政治的・社会的機能が損なわれる可能性がないわけではない。そこで、ここからは、政府－NPO 関係においてはどのようなことが懸念されるのかを検討したい。

　サラモン（2007：117-122）は、政府のプログラムに NPO が関与するに当たって、以下の点が潜在的に危惧されると指摘している[9]。
・NPO が国家の「代理人」となれば、独立性が奪われて新しいアイデアの

---

[9] ただし、サラモンは、アメリカにおける「経験的証拠」から、こうした負の影響は一般に信じられているほど大きなものではないとしている。

貯蔵庫としての役割や、社会・政治を変革する動因としての役割、アドボカシー的な役割などが損なわれる。
・政府資金を獲得するために、NPO が自らの使命を歪曲する。
・政府プログラムの遂行に当たって求められる財務会計・品質等に関する基準を満たすために NPO の組織運営が官僚制化・専門職化し、柔軟性やボランティア的な要素が損なわれる。

　これに関連して、政府・行政と NPO との関係において近年特に懸念されているのが、NPO が行政の「下請け化」するという問題である。行政の下請け化とは、委託元の行政が権限を保持したまま仕事だけ委託先に降りてくるが、その仕事なしに組織の維持ができない委託先は不満をもっても断れない状態とされる（田中弥生 2006：234）。
　次章でも述べるが、下請け化した NPO では、（社会的使命よりも組織の存続が重視される結果として）自主事業の実施や新規ニーズの発見よりも委託事業をこなすことにより多くのエネルギーが割かれるようになる。しだいにボランティアや会員は疎外されて組織から離れていき、その組織はますます委託事業に依存して、独自の活動ができなくなる（田中弥生 2006：第 2 章参照）。
　行政は、コストを削減するために NPO にとって不利な条件で業務を委託する可能性があるが、それでも NPO が受託するのは、会費や寄付を継続的に集めることは（まとまった形で資金が入る委託などに比べて）非効率的と考えられること、行政との関係が社会的信用につながるという委託事業の「お墨付き効果」への期待、安価であっても（それまで存在しなかった）資金が入るのはインパクトが大きいこと、などの影響である。そして、下請け化した NPO が、いったん委託事業を行えば不満があっても続けようとするのは、雇用の確保や開始したサービスの継続のためである（田中弥生 2006：80-86）[10]。

10　なお、田中弥生（2008：55-56）には、下請け化を引き起こす「行政側の問題」↗

第4章　NPOの特質と「協働」論

4. 協働のためのポイントと制度

　ここまで指摘してきたように、NPOには政府・行政と異なるさまざまな特性（長所）や機能がある。そのため、政府・行政とNPOがうまく協働すれば、お互いの長所を活かしあった公共サービスの充実や、NPO・行政の組織力の強化と意識改革、市民の社会参加・政策過程への参加などといったさまざまな効果が期待できる。

　しかし他方で、行政がコスト削減のためにNPOを安価な下請け先として事業を発注し、NPOが資金獲得のためにそうした事業を受け入れていけば、NPOが柔軟性、革新性といった長所やアドボカシー機能、ボランティアの参加といった要素を失う可能性がある。

　政府・行政とNPOが関係を深めることによってNPOの長所や機能が損なわれないようにするには、協働に対する考え方や方針を共に作り上げて、これを両者が理解したうえでパートナーシップを組むことが重要である。その例としては、既に述べたイギリスのコンパクトやコード、ローカルコンパクト[11]と愛知県のあいち協働ルールブック2004にもとづく取り組みも参考になる。そこでは、政府・行政の側は、資金面での責任を果たす、NPOによるアドボカシーを認める、過度な統制をしないといったことを約束する。

↘ と「NPO側の問題」が述べられている。

11　コンパクトやコード、ローカルコンパクトについては、以下の図書・文献で紹介されている。コンパクト、コード、ローカルコンパクトについての文献：後編（2004）。コンパクト、ローカルコンパクトについての文献：金川（2008）、的場編（2008）。ローカルコンパクトについての文献：今井（2005）。

　なお、その後コンパクトは改訂されている。ブラウン政権のリフレッシュコンパクト（2009年）は、全体的にわかりやすく分量が減ったが、政権交代により1年で終焉した。保守党・自由民主党連立政権の刷新コンパクト（2010年）は、全体が簡素化され、ボランタリーセクターのアウトカムにより焦点を当てた内容の改正がなされたものとなった。具体的には、政府と市民社会組織とのパートナーシップで達成すべき5つの成果を列挙し、それぞれにおいて政府と市民社会組織が実行できることを明記したものとなっている（金川2013参照）。

そして、NPOの側は、公金の使用についての自覚を持ち説明責任を果たす、ステークホルダーを参加させる、関係者の意見を吸い上げる、活動の質の向上に努める、といったことを約束する。これによって、両者の長所を活かすこととともに、政府－NPO関係において懸念される問題への対応をすることがめざされていると言えよう。

そこで最後に、こうした点を踏まえつつ、協働におけるポイントと協働事業をバージョンアップさせるための仕組みについて指摘しておきたい。

久住（2005：249-251）は、「NPOと行政双方の特質を生かした『創造的なパートナーシップ』」に向けてのポイントとして以下のことを指摘している。

(1) パートナーとしての相互認識：行政とは異なるNPOの社会的価値を認識したうえで、NPOと行政は公共サービスの創出・供給におけるパートナーであるという認識を持つこと。

(2) NPOの自律性確保：NPOの自由な発想を尊重し、行政の論理でNPOを支配しようとしないこと。

(3) 「不均衡」を前提とした対等関係：資金や組織力などにおける行政とNPOの間の「力の差（不均衡）」を意識しつつ、対等な関係を作るよう努力すること。

(4) プロセスにおける協働：企画から実施、評価までのすべてのプロセスにおける協働（事業の実施段階だけでなく、政策・サービスの企画における初期の段階からの協働）

(5) 受益者・コミュニティからの視点：パートナーシップのプロセスへの市民の参画や受益者から見たサービスの質といった視点の導入。

こうした関係を構築していくためには、具体的な制度（組織や人材）が重要となる。

たとえば、宮崎県の協働に関する指針においては、協働推進のための仕組みとして以下のようなものが挙げられている（宮崎県 2009：9-11)[12]。

12　なお、宮崎県のNPO政策（協働に関する政策）については、2011年7月時

第4章　NPOの特質と「協働」論

(1) 庁内の推進体制の整備：副知事を会長とした「宮崎県NPO・ボランティア活動支援連絡会議」の活用や各所属に配置されたNPO協働推進員（仮称）を通じた全庁的な協働の推進。生活・文化課による、協働推進窓口としての総合的な施策の推進およびNPOや各課との調整の実施。
(2) 職員の意識改革：指針の内容の周知、研修、NPOの活動内容や協働事例についての情報提供、NPOとの意見交換会の開催を通じて、職員のNPOについての理解や協働に関する認識を向上させること。
(3) NPO関係者の各種委員への登用：施策に県民のニーズを的確に取り入れるために、NPO関係者を審議会・懇話会等の委員に積極的に登用すること。
(4) NPOとの意見交換・情報交換：協働推進のためにお互いの情報を共有することを目的とした意見交換・情報交換の機会の設定。
(5) NPOの支援体制づくり：NPOの人材育成研修や協働事業についての相談・助言等を通じたNPOのエンパワーメント。
(6) 提案公募型事業の実施：県民生活における課題（テーマ）に関して、企画の募集、公開プレゼンテーションによる実施団体の選定を行い、NPOの特性を活かした協働事業を実施すること。
(7) 情報の提供・公開：協働事業の募集内容・実施状況・実績報告等に関する積極的な情報提供。
(8) 協働マニュアルの策定：協働事業の具体的な進め方や留意点等を記載したマニュアルの策定。
(9) 市町村との連携：NPOが協働の相手とすることが多い市町村への説明会・意見交換会を通じた、協働に関する理解の促進。
(10) 企業等との連携：企業や各種団体・大学等への説明を通じた、協働に関する理解の促進。
(11) アクションプランの策定：NPOとの協働促進のためのアクションプラ

↘ 点において県民政策部生活・協働・男女参画課が、2017年2月時点において総合政策部生活・協働・男女参画課が担当している。

ン（行動計画）の策定。

　もちろん、以上のようなポイントや制度は一つの例であり、これが全てではない。また、当然のことながら、公共サービスの提供や政策形成に参画する際には、NPOの側にも自らの役割を果たすための能力や責任の遂行が求められる。しかし、本章で述べてきたように、NPOと行政双方が（お互いの強みと弱みも含めて）相互理解を深め、政府・行政とNPOが関わりを持つことに伴う利点や危険性などを十分意識したうえでパートナーシップにおけるルールや仕組みを共に構築し、自己革新しながら連携していくことが、協働の効果を高めるうえで重要であるということは言えるだろう。

第 5 章

NPO の政治的・社会的機能と
その維持・発揮のための方策
～「行政の下請け化」と「NPOの商業化」への対抗に向けた理論と取り組みを中心に～

1. 問題意識と本章の検討対象

　近年、「新しい公共」という概念が提起され、それに沿った政策もいくつか展開されることになった。しかし、さまざまな政府の政策文書の中でNPOを「新しい公共」の担い手と捉える論調が広がっているが、そこではNPOは行財政をスリム化するための公共サービスのアウトソーシング先として期待されているという見方もある。「公共性の認知」は行政が行うものとされ、NPOの持つ社会的機能や民主主義との関係、政策形成における参加については等閑視されていると言われているのである（藤井 2010e：131；原田・藤井 2010：47）[1]。

　NPOは、サービスの提供のみならずさまざまな政治的・社会的機能を担っているが、NPOがこれらの政治的・社会的機能を犠牲にして公共サービスのアウトソーシング先になることに過度に注力すれば、資金提供と引き換えにNPOが政府・行政のサービス提供の下請け機関になる危険性も否定できない。

　他方において、NPOの活動には政府・行政からの支援も大きな役割を果たしており、政府・行政との関係を軽視（忌避）することはNPOの営利企業化をもたらすことにもなりかねない。NPOの受益者はサービスに対する費用を全く、あるいは一部しか支払えないことなどから、NPOが事業収入や寄付金といった民間財源だけで経済的に自立することは極めて困難である。それにもかかわらず、NPOがあえて政府財源に頼らない形での経済的自立の道を進もうとすれば、採算性にとらわれるあまり困窮者がNPOの利用やNPOへの参加から排除されるとともに、NPOの多様なミッション（使命）が歪曲されることになりかねない（原田・藤井 2010：27、48-49 参照）[2]。

1　この点については、松井（2003；2006a）も参照。
2　政府からの資金的な独立をめざす議論がはらむ問題については、粕谷（2008）も参照。

第5章　NPOの政治的・社会的機能とその維持・発揮のための方策

　NPOは、補助金や事業委託（政府による再分配）、事業収入（市場による交換）、寄付・ボランティア（コミュニティによる贈与や互酬性）から成り立つとともに、政府の持つ全体的な公益目標、官僚的マネジメントや営利企業の持つ採算重視、マーケティング戦略などといった異なるセクターの目標・文化・運営メカニズムの影響も強く受ける可能性がある存在である。政府や市場との関係のあり方次第では、NPOは行政に取り込まれたり営利企業化する可能性があるため、NPOにとっては自らのミッションや価値を維持しつつ他のセクターとの関係を有効に構築していくことが重要な課題となる（藤井 2010b：18-20）。

　「社会的使命が営利動機や政府（行政）機関の下請化によって駆逐されたとき、それはNPOとしての死を意味する」（藤井 2010b：7）といわれる。そこで、NPOが独自の政治的・社会的機能を喪失することなく政府・行政との関係性を構築していくための条件を検討することが、理論および実務の面で強く求められることになるのである。

2. NPOの政治的・社会的機能

　NPOの機能としては、多様かつ柔軟・迅速なサービスを供給しうることがよく知られている。それは、基本的には普遍的（平均的）なニーズに対応して法律や規則に基づき公正・公平にサービスを提供することが求められる政府・行政に対して、NPOは従来の考え方にとらわれることなく多様なニーズや価値観に対応し、緊急時などにはより素早い行動をとることが可能なためである。

　他方、NPOの機能はサービスの提供のみにとどまらないことも指摘しなければならない。NPOは、市民参加や民主主義の深化において政府や企業にとっては代替困難なさまざまな機能を果たしうる。そこで、ここからは、NPOの政治的・社会的機能をいくつか指摘したい。NPOが社会において果たしうる役割として、政治的な要素があるものを挙げるとすれば、①エンパワーメント、②参加の促進、③多様な価値の擁護、④アドボカシー、⑤監視（チェック）といった機能になるだろう[3]。

NPOの社会的機能

　まず、エンパワーメントについて簡単に説明する。NPOでは、何らかの社会問題に直面した当事者を中心に、彼ら／彼女らが「安心して、自分のままでいられる空間」（「居場所」といわれるような緩やかで小規模なコミュニティ）が作り出される。こうした場は、社会問題の当事者たちが社会的に孤立し自らに対する否定的なアイデンティティを形成していく状況から脱却し

---

[3] 当然のことながら、一つのNPOが多様な社会的機能を全てあわせ持つことは困難である。NPOは、NPO全体として多様な機能を果たしているのであり、個々のNPOは社会的課題の解決にむけた一連の過程の中で、それぞれの機能を果たしているということになるであろう（伊藤裕夫 1997：18参照）。

て他者との関係を再構築し、お互いの経験・感情を共有しつつ肯定的なアイデンティティを回復する上で重要な意味を持つ。また、そこでは他者との交流・社会参加の経験を通じて自らの能力・スキル・ネットワークといった潜在的な資源の再発見と活性化をする機会がもたらされうる。社会問題の当事者は、受け身の顧客になるのではなく主体的に行動する力を身につけ、自らの潜在的な可能性を開放していくという意味において、NPOはエンパワーメントにとって重要な基盤を提供するのである（藤井 2013a：246-247）。

次は、参加の促進である。NPOにおいては、多様な市民が寄付やボランティアなどを通じて自発的に社会貢献に参加する機会がもたらされると同時に、市民が社会サービスの「共同生産者」になることが促進されるという形で市民参加が促されることもある（藤井 2009：174）。サービスの送り手と受け手が重なる程度が高まれば、人々の満足度は高まり、コミュニティは強化されるといわれている（田尾 2011：75参照）。また、パットナムが言うように、コミュニティの問題への市民参加のネットワーク（ソーシャル・キャピタル）の蓄積は、政府による公共政策の遂行などに大きな影響を与える可能性がある（塚本 2004：28-29）。

NPOの政治的機能

NPOは、多様な価値を擁護する機能も果たしうる。サラモンがNPOを「価値の守護神」と表現しているように、人々はNPOを通してさまざまな価値観を表現することができる。つまり、NPOは多元主義や多様性、自由を涵養することができるというのである（サラモン 1999：17-18）。民主的な社会においては、多様な価値の共存が認められなければならず、特に既存の支配的な価値への異議申し立てが容易である必要があるが、市民活動は新たな価値に光を当てて社会にアピールし、浸透させる機能を果たすことで民主主義の深化をもたらす可能性がある（毎熊 2007：60 注39参照）。

またNPOは、問題を抱え対応が必要な人の存在に対して注意を促した

2. NPOの政治的・社会的機能

り、現行の政策の不備を指摘したりするというように、アドボカシーをすることもできる。アドボカシー活動には、マイノリティや社会的に不利な立場にある人々に対する一般社会の理解を促進する、あるいはそうした人々を支援するための社会環境の整備を促進する、といった側面（須田 2004：22）[4]と、政府の政策や提案に対してコメントをしたり自ら率先して政策の代替案を提示することによって政策提案をする、という側面（ジョンソン 2002：206-207）などがある。

まずNPOは、政府セクター・市場セクターにおいて排除されがちなマイノリティに寄り添ってそのニーズに対して敏感に反応し、それを社会問題として顕在化させることで既存の排除的な公共圏の幅を広げ、多元性・複数性をもつ公共圏を生み出すという点で、社会的に排除されてきた人々の包摂と多元的民主主義の推進を担う重要な存在といえる（藤井 2010b：8）。また、多くのNPOが、地域社会や市民との密接な関係を通じ市民の側に立って政策の社会的影響の評価について発信することで、公共政策の評価にとって重要なフィードバックを提供している（レイド 2007：271）。多くのアドボカシー型NPOは、政府の政策をよりよいものに変えることを意図しており、政府の政策に対する正当な根拠と必要性をもったNPOの政策提言は、決して万能とは言えない政府の政策決定を補完し強化しうるのである（眞鍋 2009：88参照）。

さらに、NPOには、政府や市場をさまざまな視点から監視し、世論に働きかけることで、政府や市場に緊張感を持って説明責任を果たさせるようにするチェック（監視）機能もある（傘木 2005：178）。行政の無駄遣いや不正を追及する市民オンブズマンとよばれる組織や、環境への影響・労働条件・商品の品質などの面から企業活動をチェックして市民に対する情報提供

4　西山（2001）では、阪神淡路大震災の被災者を対象として、①「被災者の『権利』を擁護するために、政府に対して政策提言をするアドボカシー」と、②「被災者の『生と生活（life）』を擁護する『しくみ』づくりを通じて、市民社会に問題提起する活動」としてのアドボカシーについて論じられている。

や批判・告発等を行うNPOの活動は、その例であるといえよう[5]。

　つまり、NPOは単なる事業体ではなく質の高い社会の実現をめざす「社会の生産」の担い手であることを考えると、幅広い団体が市民活動を展開し、政府のあり方を問い公共的役割を担おうとしている点にも注意が必要なのである（牛山 2006：265-266）。

5　企業活動をチェックし、市民に対する情報提供や批判・告発等を行うNPOの活動については、谷本（2002）参照。

3. NPOの政治的・社会的機能にとっての脅威

「制度的同型化」とは何か

　本節では、「制度的同型化」の理論を参考に、NPOの政治的・社会的機能にとっての脅威（NPOの独自性を脅かしうる要素）とそれがもたらす負の側面について論じる。

　ディマジオとパウエルによれば、同型化には①その組織が依存している他組織からの圧力、説得あるいは法的枠組みといったものによってもたらされる「強制的同型化」、②環境が不確実であるため、先駆的な他組織を模倣することによってできるだけ少ないコストで環境に対処しようとする「模倣的同型化」、③専門家集団等の強固な価値観や政府による評価がもたらす「規範的同型化」がある。

　「強制的同型化」は、制度的に上位に位置する組織から下位の組織に対する指令・規則といった明示的な形での圧力や、報告義務といった黙示的な圧力によって同一の制度選択が求められる過程である。「模倣的同型化」は、経営技術に対する不十分な理解や目標の曖昧さなどによって、成功しているとされる組織の模倣がもたらされるものである。「規範的同型化」は、専門化の進行を通じて専門家集団の基盤と正統性が確立されて共通の認識枠組みが形成されること、および専門家のネットワークが拡大することによって、特定・同一の制度の選択がもたらされるとするものである。

　そして彼らは、「ある組織は、他の組織に依存すればするほどその相手組織に構造・風土・行動の焦点が類似する」、「組織の目的が不明確であればあるほど、成功していると考える他の組織を模倣するようになる」、「組織の活動が行われる場がその存続にとって不可欠な資源を単一、あるいはいくつかの類似した供給元に依存すればするほど同型化の度合いが高まる」、「組織が活動する場においてモデルになりそうな組織の数が少なければ少ないほどそ

こでは急速に同型化が進む」、「組織が活動する場において専門化の度合いが高まれば高まるほど制度的同型化にあたる変化が生じる」などといった仮説を提示した（DiMaggio and Powell 1983；秋吉 2015：184-185；堀田 2012：673-674 注 4)[6]。

以上の理論モデルを参考に、NPO（の活動）がいかなる条件の下で行政組織および営利企業に近似（同型化）していくのか、そしてそのことがどのような問題をもたらすのかを先行研究をもとに見てみたい。

行政の下請け化・行政への同型化の問題

まず、行政の下請け化・行政への同型化をもたらす要因と、それらがもたらす否定的側面について述べる。

行政の下請け化とは、「行政からの安価な委託の仕事を続けてゆくうちに、次第に活動の大半を行政からの仕事で占めるようになり、その結果、NPO としての自発性、自由な発想や創造力を失っていくこと」（田中弥生 2011：82）である。

NPO が人的資源や運営能力の脆弱なまま委託事業に従事すれば、大半のエネルギーをその事業に費やさなければならなくなる。また、行政との委託契約には期間や再契約回数に限度がある場合が多いため、その事業が終了した後も組織の維持のために別の委託事業でつなぐことになり、結果としてメンバーや寄付者への対応がおろそかになっていくというのである（田中弥生 2011：82-83）。

行政からの委託が安価になる理由や、それにもかかわらず NPO が行政からの委託に依存していく理由としては、次の点が考えられる。

6 　ここで例示した仮説は、本章での議論に大きく関わるもののみである。
　なお、NPO における制度的同型化については、堀田（2012：664-672）が詳細に論じている。また、社会的企業における制度的同型化については、今井（2011：226-228）参照。

3. NPOの政治的・社会的機能にとっての脅威

　原田は、NPOへの委託契約は安価であるうえ積算根拠が不明確であるが、そのことについて自治体の担当職員もNPOのスタッフも認識が不足しており[7]、その背景には「ボランタリーな活動はただ」という思い込みがあるように思われるとしている。

　イギリスにおいても、企業と比較するとNPOに対してはサービスの対価に見合ったコストが支払われない傾向があるとされており、さらに煩瑣な事務手続きもある政府からの競争的資金で収入を得ようとすればするほど数をこなすために一層委託事業への依存を強め、組織の使命よりも委託事業の遂行が優先される事態が生じているとされる。

　ボランティアの受け入れやモチベーションの向上にはそのための体制づくりの費用が必要であるが、こうしたコストを適切に計算することなく安い費用で事業を発注・受注すればそれだけNPOは疲弊し、独自の活動を行う余地が狭まっていくことになるだろう（原田 2010c：72-73；原田 2010a：201 参照）。

　また、契約のあり方が行政の下請け化・行政への同型化を引き起こしうる。政府主導の契約関係がもたらす制度的な圧力は、組織をより官僚的にする可能性がある。それは、マネージャーや労働者が政府によって定められたルールに適応する過程の中で官僚的な行動を学び身につける傾向があるためである（Tsukamoto 2012：291）。

　それでは、行政の下請け化・行政への同型化はどのような問題をもたらすのか。田中弥生（2011：83-84）は、行政の下請け化した団体の特徴として以下の7つを挙げる。

1) 社会的使命よりも雇用の確保、組織の存続目的が上位に位置する。
2) 自主事業よりも委託事業により多くの時間と人材を投入する。

---

[7] NPOとの契約における行政側の客観的な積算基準の未整備と、NPOの側のこれに対する科学的根拠をもった主張の不十分さについては、松井（2010a：253；259-264）参照。

3) 委託事業以外に新規事業を開拓しなくなってゆく。新たなニーズの発見が減る。
4) 寄附を集めなくなる。
5) 資金源を過度に委託事業に求める。
6) ボランティアが徐々に疎外されている。あるいは辞めている。
7) ガバナンスが弱い。規律要件が十分に整っておらず、理事の役割についてあらかじめ組織内の正式合意事項として共有されていない。理事は、行政からの委託条件やコンプライアンスを守るための代理機能になっている。

営利企業への同型化（NPOの過度な商業化）の問題

　次に、営利企業への同型化（NPOの過度な商業化）をもたらす要因と、それらがもたらす否定的側面について見ていく。

　藤井は、日本のNPOが事業化傾向を強めている要因としてNPOの資金調達環境を指摘している。寄付文化の弱さ、行政の下請け化を助長する可能性のある条件の下での委託事業に対して、NPOが自らの使命に即した事業を展開するためには使途に規制がない一般市場からの事業収入の増加が重要と考えられるようになったというのである（藤井 2007：86）。

　アメリカにおいては、レーガン政権以降NPOの活躍する分野で政府からの補助が減少したことで、NPOにとって商業化して事業収入を得ることは財政的なサステナビリティの確保の重要な手段となった。また、医療・保健・社会サービスの分野等における営利企業との市場競争の激化によって、生き残りのために企業的な経営方針を模倣するようになったことなども、NPOの商業化の背景にあるという（藤井 2007：87-88 参照）[8]。

8　アメリカでは、連邦政府が公的対人サービスの運営および財政に関する責任を縮小させたことにより、公的対人サービスを供給する 501（c）(3) 団体が公的資金を失いながら縮小した行政に代わる公益活動の担い手としてそれまで以上に↗

3. NPOの政治的・社会的機能にとっての脅威

　欧州各国においては、公共サービスに市場原理が導入され、政府からNPOへの委託契約が増加したが、その性質として、継続的な委託関係と安定的なサービス提供を特徴とする「パートナーシップ・モデル」からサービスの提供コストの削減や生産性を重視する「市場モデル」への移行が促進されるようになったとされている（原田・藤井 2010：36）[9]。

　こうした「市場モデル」に見られるような競争的な資金提供も、NPOの活動を大きく変容させる要因になりうる。原田（2010a：198-199）によれば、NPOの社会的機能の適切な評価がないまま（競争入札などという形で）政府資金の提供における競争的な要素が強まると、事業者にとっては評価の対象になりにくい価値の実現に対するインセンティブが薄れる。また、発注者にとっても不確実で客観的に示しにくい社会的機能を積極的に評価することは顧客や納税者に対するアカウンタビリティという観点から困難と考えられるようになるため、評価のための指標の標準化が進む。こうしたことによって、公的資金を受けるNPOの官僚的なマネジメント構造が強化されるのである[10]。

　それでは、NPOの企業性の追求、あるいは営利企業への同型化にはどのような問題があるのであろうか。

　　期待されるという矛盾に直面した。そのため、事業収入・会費収入を拡大させる方法が選ばれ、多くの501（c）（3）団体で競争戦略として営利組織的な運営方法が積極的に導入された。そしてその結果、次のような事態が生じたとされる。①営利セクターと非営利セクターの境界の不明瞭化とサービス供給組織の同質化の進行。②連帯しあう関係から競合関係へ、という501（c）（3）団体相互の関係の変化、および「市民の立場を代弁する」存在から「市民にサービスを売って収入を得る」存在へ、という501（c）（3）団体と一般市民の関係の変化。③501（c）（3）団体内部の階層化の進行（中流以上の市民へ有料でサービスを提供する活動と低所得層を対象に必ずしも良質と言えないサービスを提供する活動への二極化）。④501（c）（3）団体の公益性の低下に対する指摘（須田 2005：54-55）。

9　サービス供給における「パートナーシップ・モデル」と「市場モデル」については、金川（2008：31-32）も参照。

10　また、橋本（2013：174）は、コンペを通じた補助金獲得競争を伴う国や自治体のNPO等の支援施策は、当事者のニーズへの対応より資金を提供する側への訴えかけに力が入れられる傾向を引き起こす危うさがあるとしている。

藤井（2007：89-90）は、通常官僚制化や専門化、利用者と供給者の明確な分離、そして規模拡大を伴う企業性の追求は、利用者やボランティアの参加、地域コミュニティとの密着という方向性に逆行するものであり、NPOが地域社会のニーズに寄り添うことや柔軟で革新的な事業展開をすることを妨げる可能性があるとする。また、藤井（2010f：ⅲ）は、営利企業への制度的同型化（NPOの過度な商業化）がもたらす否定的側面として、採算性の重視による困窮者の排除やそれに伴うミッションの変容、ボランティアの減少、競争によるネットワークの阻害、企業からの不公正競争への批判、といった問題を引き起こす可能性を指摘している。

また、原田（2010a：199-200）によれば、NPOがサービスの供給以外に有している「キャンペーン」、「コミュニティ形成」、「当事者の声の代弁」といった機能がもたらす利益は数値化が困難であるため、評価の際にはアウトプット指標や価格の多寡という基準が用いられることになりがちである。しかし、成果の測定や監査の対象がサービスの直接的な成果にとどまれば、（「キャンペーン」、「コミュニティ形成」、「当事者の声の代弁」を通して）「市場原理に基づく消費者主義から排除された人たちをエンパワーメントする力」や「分断化されてしまった人たちを結び付け、声なき声を拾い、問題解決能力を高めていこうという共同統治（co-governance）を具現化していく力」といった価値が複線化されてしまうことになる。

粕谷（2009：298）は、以下のように述べているが、これは「社会的企業」を「NPO」に置き換えてもよい指摘であろう。

最悪の事態は、……「社会的企業」が「社会的」であるが故に動員する各種の社会的関係資源（ボランティア労働、寄付、社会的信頼、連帯等々）を、営利企業（低賃金、劣悪労働条件の非正規労働にますます多く依存する）とのサバイバル競争に動員することになり、地域の労働者の賃金、労働条件を引き下げるように機能するばかりでなく、結局は、「社会的企業」を存立させた社会的関係資源をボロボロにしかねないことである。

4.「行政の下請け化」と「NPO の商業化」への対抗に向けた理論と取り組み

　前節まで見てきたように、NPO は柔軟かつ多様なサービスの提供だけでなくさまざまな政治的・社会的機能を有しているが、活動環境のあり方次第では行政組織および営利企業に組織形態や活動内容が近似していき、その独自性が損なわれてしまう可能性も大きい存在であるといえる。そのため、NPO への資源（資金）供給源である政府・行政と NPO との関係を再検討すること、そして NPO 自らがその独自の存在価値を維持・発揮していくための意識的な取り組みをすることが求められることになる。

　そこで本節では、NPO が行政の下請け化・行政への同型化をすること、あるいは NPO が過度な商業化をしていくことに対抗するための理論と実践について、先行研究をもとに論じていくこととする。

「行政の下請け化」への対抗に向けた理論と取り組み

　行政の下請け化を回避するための方策としてまず考えられるのが、「フルコスト・リカバリー」である[11]。

　フルコスト・リカバリーとは、イギリスの中間支援組織の ACEVO（Association of Chief Executives of Voluntary Organisations）が研究・提言した概念であり、契約の積算において直接費だけでなく間接費も含めて事業の実施のために必要な費用を全て回収するという考え方をさす[12]。イギ

11　日英におけるフルコスト・リカバリーについては、馬場（2013：第5章）にも詳しい。

12　ただし、必ずしも政府から支払われる助成金や事業委託費で完全に費用を回収できなければその助成金や事業委託を受けるべきでないというわけではない、とする考えもある。つまり、組織にとってよい事業であれば、当面組織の積立金の一部を使ってその事業をしながら政府と交渉して不足分を埋めていくこともできるということである（バブ 2011b：25-26）。馬場（2011b：40）は、「フルコストっていうのは、それを必ず回収しなければいけないということではなくて、↗

リスでも、かつては政府セクター等の資金提供者が間接費を負担することに消極的であったとされる[13]。しかし、間接費の負担がないことはNPOの発展を阻害する[14]という声がNPOの間で高まり、資金問題の研究に着手したACEVOが1999年に研究レポート「誰が運営経費を負担するのか」（Who pays for core costs ?）を発表した[15]。その後、政府とNPOセクターの間で取り交わされた「コンパクト」（盟約）の行動指針として策定された「資金コード」に間接費を考慮する必要性が書き込まれるとともに、財務省の2002年のレポートでも全省庁でフルコスト・リカバリーに取り組むことが明言されたことで、その認知度が高まっていった。NPOセクターでも、中間支援組織を中心にテンプレートの発表や研修プログラムなどで、フルコスト・リカバリーを普及させる取り組みが行われている（松井 2010a：264-266）。

　日本においては、愛知県の実務者会議で議論を行った結果、事業委託においては直接費に対して30％の間接費を上乗せすべきということが県の報告書に載せられることとなった（馬場 2011a：31）[16]。これで十分であるかについてはまだ結論が出ているとは言えないが、それまでの間接費の支払い状況と比較すると一定の意義があるといえるだろう。

　　足りないなら足りないで、それでもやらなくちゃいけない事業だとか、他から財源を持ってくる努力が必要だとか、そういうことを団体内で見極めるためのツールだと思います」と述べている。
13　さらに、NPOの側も自分たち自身の活動（サービス提供）にかかるコストを計算するのが苦手であり、そのフルコストを把握できていないという問題もあった（バブ 2011a：17-18）。
14　間接費の負担がない場合、NPOのスタッフが資金調達に追われてNPOの戦略づくりや他の機関とのネットワーク形成といったNPOの発展に不可欠な業務が犠牲になることや、NPOが長期的なビジョンを構想する余裕を持てずその活動が場当たり的になることなどが問題として指摘される（松井 2010a：265 注8）。
15　松井（2010a）では「Who pays for core costs ?」を「誰が間接費を負担するのか」と訳しているが、本書では第2章の注での記述にそろえて「誰が運営経費を負担するのか」と表記している。
16　実務者会議の検討結果については、NPOと行政の協働に関する実務者会議（2007）参照。

4.「行政の下請け化」と「NPO の商業化」への対抗に向けた理論と取り組み

　フルコスト・リカバリーの導入にあたっては、行政側の理解と NPO 側の意識改革が求められるが、同時に①必ずしも全ての NPO がフルコスト・リカバリーを求めているわけではなく普及が困難であること、②財政削減が合言葉になっている中でフルコスト・リカバリーを主張しても認められるのは難しいこと、という現実的な問題があるとされている。しかし、NPO が自らの活動にかかるコストを可能な限り適正に把握し、それを回収するための調査研究および議論を行っていくことは、NPO セクターの発展にとって極めて重大な課題といえるのである（松井 2010a：272-276）。

　さらに、NPO が行政の下請け化することを回避し、独自性を発揮できるようにするためには、①「セクター間の協議・交渉の場づくり」と、②「サード・セクターの社会的価値に対する評価のあり方」を検討することが重要となる[17]。

　NPO がサービス供給者として準市場や委託契約を通じて資金を調達することは、他律的統制の強化（資金提供者や市場における顧客へのアカウンタビリティの重視）という結果や、コミュニティ形成機能やアドボカシーなどの価値の複線化といった結果をもたらす可能性がある。また、競争的な資金の比重が高まることで、資金獲得をめぐる NPO 間の競合関係の激化と水平的な連帯関係の弱体化が引き起こされ、NPO の使命の持続的な達成が困難になる可能性がある。こうした問題に対しては、NPO の側がセクターとしてのまとまりを形成し、一定の公共性を帯びた形で政府・行政と適切なパートナーシップをめぐっての交渉をしていくことがまず重要となる。

　NPO を含むサード・セクターの社会的価値に対する評価に関しては、

17　原田（2013a）では、「自治体のパートナーシップ施策が、組織間学習の回路となり、ボトムアップ型の政策形成の基盤として機能するため」に求められることとして「セクター間の協議・交渉の場づくり」と「サード・セクターの社会的価値に対する評価のあり方」が論じられている。組織間学習やボトムアップ型の政策形成については本章で（詳細に）扱うことはできないが、そこでなされている指摘は NPO が行政の下請け化することを回避する上でも有用なものであると思われるので、ここで参照したい。

NPOの活動によってもたらされるさまざまな付加価値を公契約の際に適切に評価する制度や政策を用意することが重要となる。特に随意契約においては、達成すべき事業目標や取り組むべき社会的価値について協議の上で契約を締結できるため、発注者・受注者双方の意向が事前に確認できて成果の確認もしやすい。また、契約書にコストの実額を記載することで、無理のない安定的なサービスの供給が可能になりうる。随意契約は、特定組織との癒着などをもたらしかねない危険性がある。そのため、政府・行政の側には契約当事者に期待する社会的価値とその評価のし方を積極的に表明することや、そのためにNPO等との協議・交渉を通じて政策的要素を含む契約に係る準則を制定・公開すること、そしてその準則を定期的に改善・改良していくことが求められる。同時に、公的資金を受けようとするNPOを含むサード・セクターの側にも、ステークホルダーの関与を受けつつ自らの社会的機能を明確に規定し、それに即した評価基準を構築することが求められるということになる（原田2013a：19-25参照）。

「NPOの商業化」への対抗に向けた理論と取り組み

次に、営利企業への同型化（過度な商業化）を回避するための方策について検討してみたい。

原田（2013b：147）は、企業への同型化のプレッシャーに対抗するには「サード・セクター固有の機能とそれに基づく社会的価値をどう正当化できるかということが、重要な争点」であるとする。そこで、ここからは第2節で述べたNPOの重要な政治的・社会的機能、特に「参加」という観点を中心にNPOの独自性を保つうえで考えられるポイントを整理していくことにする。

NPOが営利企業への同型化を回避し、自らの独自性を維持・発揮していくうえでまず重要となるのは、当事者による組織のガバナンスへの参加（民主的な組織形態）であろう。

4.「行政の下請け化」と「NPO の商業化」への対抗に向けた理論と取り組み

　藤井によれば、メンバー（とくに社会問題の当事者など）による組織のガバナンスへの民主的参加は、当事者のニーズを無視し得ない声として組織の意思決定プロセスに反映させ、社会的使命の風化と経営者による機会主義的行動を抑止・抑制することにつながる（藤井 2013b：66 参照）。社会的使命が実質的な裏付けをもつためには、当事者の声が聴かれ続け、彼らのニーズが組織内で学習され続ける必要があるが、そのためには「当事者の参加、あるいは少なくとも、当事者との継続的な対話が可能な組織形態は決定的に重要」とされるのである（藤井 2013c：214-215 参照）。

　また、当事者、ボランティア、労働者を含むマルチ・ステークホルダーの参加は、（コンフリクトを生み出す場合もあるが、）異なるステークホルダーの出会いと対話を通じて「現場の知識」の蓄積を生み出し、社会問題の可視化や当事者の潜在的なニーズおよび資源（能力）の顕在化をもたらすとともに、それらに基づいた新しい事業やプログラムの「共同生産」および社会運動・政策提言を行うことにつながる可能性がある。多様なステークホルダーの参加や幅広いネットワークの構築は、多様な知識・技術や資源の動員とそれらの相乗効果を通じた問題解決を可能にしうるという点において、組織学習・組織間学習において不可欠の要素とされているのである（藤井 2013d：104-106）。

　NPO が営利企業への同型化を回避し、自らの独自性を維持・発揮していくうえで次に重要となるのは、「社会監査」である。

　先に述べたように、NPO を含むサード・セクターの社会的価値を公契約の際に考慮するのであれば、自らの生み出す社会的価値の評価は避けて通れない。また、そうした評価は当事者のニーズについての組織学習等にも密接に関係する。評価をめぐってはさまざまな立場や困難な問題もあるが、NPO を含むサード・セクターの発展にとって重要なのは組織目標そのものの適切さや優先順位に関するアカウンタビリティを確保するための評価であり、問われるべきは「本当に当事者のニーズに沿った社会的目的が構築されているのか、また、そうした社会的目的が維持されているのか」であるとさ

第 5 章　NPO の政治的・社会的機能とその維持・発揮のための方策

れる（藤井 2013e：128-131）。

　このような形の評価を行う際に有用なのが、「社会監査」とよばれる手法である。社会監査とは、組織が社会的な業績や倫理的行動に対して説明責任を果たしたりその業績について報告・改善する過程であり、当事者を含むステークホルダーが組織目標や評価基準の設定に参加したうえで質的データも含めて業績基準に関連したデータを集積して評価を行い、ステークホルダーの代表や第三者の立会いの下監査報告書を作成して次年度の社会監査のサイクルに活かすものである。こうした社会監査はステークホルダーのニーズの顕在化、彼らの間での対話の促進、組織の課題の明確化と評価自体の不断の問い直し等をもたらすものであり、NPO が高い公益性を確保し公的資金の導入に対する正当性を獲得するとともに、（政府や）営利企業に制度的同型化をしていくことに対抗していく上で重要な意味を持つものとなるのである（藤井 2013e：131-132；原田 2013b：171-173；堀田 2012：431 注 12）[18]。

　社会監査に関しては、①ステークホルダーの参加方法の適切さ＝社会監査の公正な実施の確保、②社会監査を実施するための時間的・経済的負担という課題や問題もある。これに対しては、政府（自治体）や民間が社会監査を資金・人材・ノウハウの面で支援して NPO の健全な発展を社会的に支えていくことで、NPO が「市民パターナリズム」に陥るのを防ぐ仕組みづくりをすることが重要であるといわれている（村山 2001：113）。

18　この他、NPO（や社会的企業、協同組合）の社会的価値に関する評価については、村田（2012：78）参照。社会的企業の社会的価値に関する評価については、八木橋（2012）参照。

5. 残された課題

　これまで見てきたように、近年公共政策において NPO に対する期待が高まってきているが、それはサービス提供者としての期待という側面が強く、NPO が持つ多様な政治的・社会的機能に対する理解・評価と適切な位置づけについては公共政策の中でも NPO セクター自体の中でも試行錯誤の段階にあるといってよい。NPO は、自らを取り巻く制度や環境との関係の影響を特に強く受ける存在であるがゆえに、NPO をめぐる制度・環境のあり方次第では行政組織や営利企業に組織形態や活動内容の面で同型化していく危険性も孕んでいる。したがって、そうした問題を回避し NPO の独自性を維持・発揮していくために、NPO が資源を依存する政府・行政との関係の再構築のための試みと NPO セクターの中での自らの機能に関する再定義や自己革新のための取り組みが、理論・実践の面で進められているのである。

　最後に、NPO が行政の下請け化および営利企業化することを回避し、NPO の機能を十分発揮させるために政府－NPO 関係を再構築すること、および NPO セクター自体が基盤を強化していくことのために残された課題として、ここまで十分論じられなかった中間支援組織の果たす役割の重要性について指摘しておきたい。

　中間支援組織とは、資源提供者（寄付者・ボランティア等）と NPO の間での資源の媒介（仲介）、マネジメント支援、NPO 間のネットワーキング、NPO 関連の社会啓発活動、NPO セクター発展のための調査研究、政策提言等の多様な役割を担い、またこうした機能を組織の主なミッションとする組織であるが（藤井 2010d：84-85）、本章で述べてきたこととの関連で言えば、セクター間の交渉やセクター内における NPO の（社会的機能に関する）評価において積極的役割を果たしていくことが中間支援組織には特に期待される[19]。

19　セクター間の交渉における中間支援組織の役割については、松井（2010b）を、↗

第5章　NPOの政治的・社会的機能とその維持・発揮のための方策

　日本においては、「NPOの中間支援組織の多くは、情報提供や場所貸し程度の活動にとどまり、肝心の政府・自治体との交渉やアドボカシーといった機能が抜け落ちているように見える」（原田 2010b：184）とされている。しかし、NPOの「社会変革性」の発揮のためには、NPOセクターとしての戦略を内部で議論し、セクターとして対外的に発言することが最も現実的であるとともに、NPOが行政の下請け化することなく対等に発言するためには中間支援組織が自らの力量を向上させることによってNPOセクターの能力を強化し、NPOの信頼を保証していくことが必要であるともいわれている（松井 2006b：156-157）。「『セクター』というからには、これらの個々の活動がバラバラに存在するだけではなく、互いにその価値観の多様性を認め合いながらも、それらを総体として社会的に位置づけ、その存在意義を自己認識することが必要になる」（山岡 2011：47）といわれるが、このようにセクター間で交渉を行うことやNPOがセクターとしての独自性を発揮していくことのために果たすべき中間支援組織の役割は、ますます大きくなっていくだろう。

　もっとも、中間支援組織が支援対象とするNPOの支払い能力や、NPOの利害表出・政策提言といった事業の収益性を考えると、中間支援組織に対しても公的資金の供給は不可欠であると考えられる（藤井 2010d：100-101）。そして、公的資金を受けるのであればその正当性を示すことが求められるが、それには（政府の側というよりも）中間支援組織の側で自らの社会的機能を規定し、独自の評価基準を打ち出しながら評価を行って示すことが一般企業や政府への同型化を回避する上で重要となる（藤井 2010a：248-249参照）。ここでもまた、政府・行政とNPOとの関係性やNPOセクター内部でのアイデンティティの確立、および自己革新が大きな課題となるのである。

↘　セクター内におけるNPOの（社会的機能に関する）評価については、社会的企業について述べたものであるが藤井（2013e：131-132）を参照。

まとめにかえて

　最後に、本書が各章で述べてきたことを端的に整理（要約）して「まとめ」にかえることとしたい。基本的には、本書は各章のはじめ（前半）に「NPOの政治的・社会的機能や長所・短所といった特質、そしてNPOと政府・行政との関係」に関する筆者なりの「問い」（問題意識）を明記したうえで、それに対する筆者なりの「解答」にあたるものを（中盤から）後半に書いていく、という形をとっている。そこで、本書の主張をより明確に伝えるため、本書のポイントをより強調した形で伝える作業をしてみたい。

　第1章
・高齢社会の到来や財政難によって、NPOに対する注目度が高まっている。しかし、これまで政府・行政が担ってきた役割や政府・行政が果たすべき責任を肩代わりさせるためにNPOを利用しようとすれば、公共サービスの質・量が不十分なものになってしまう（かえって低下してしまう）とともに、社会の活力低下を引き起こすことになりかねない（問題意識・問い。第1節参照）。
・政府とNPOはゼロサムの関係ではなく、NPOの成長・発展において政府からの支援は大きな役割を果たしてきた。また、NPOはサービスの革新、アドボカシーといった、政府・行政には果たすことが困難であるが貴重な役割を果たしている（問題意識・問いに関する理論と動向。第2節参照）。
・他方、NPO（非営利セクター）についてはサラモンのいう「ボランタリーの失敗」が指摘されており、NPOに過度に期待することもできない。そこで、「ボランタリーの失敗」を補完する政府の強みや特性によって、サービスの質と量を総体として充実させていくことが重要となる（問題意識・問いに関する理論と動向。第3節参照）。
・NPOに過度に期待するあまり十分な公共サービスの供給がなされなくな

る事態を避け、NPO の機能・長所が発揮できる形で政府・行政と NPO が関係を持つためには、次のことが重要となる。政府・行政の側は、NPO のもつ長所や機能（柔軟性・迅速性・多様性・先駆性、アドボカシー）を損なう形での統制を極力控えるとともに、自らの（財政的）責任を果たすこと。NPO の側は、自らのミッションを見失わないよう配慮したマネジメントを行うとともに、政府・行政の資金を受けて活動しようとする NPO は自らが強みを発揮しうる部分で政府・行政から頼られる存在になるように力量を向上させること（問題意識・問いに対する「解答」。第 3 節参照）。

・日本でも、NPO と行政が関係を持つ際のルールづくりをする動きが出てきており、このような努力は NPO のもつ長所や機能を発揮する形での連携・協働や、政府・行政と NPO との間での適切な関係の構築のための有効なツールになる可能性がある。（問題意識・問いに対する「解答」。第 4 節参照）。

第 2 章

・公共サービスの民営化・民間委託の推進の流れの中で、政府・行政と NPO の（資金的な）関係が深まりつつある。しかし、政府の NPO 政策のあり方や NPO の事業委託等への対応のし方によっては、NPO の活動内容や組織のあり方が変容することになりかねない（問題意識・問い。第 1 節、第 2 節参照）。

・イギリスにおいては、1980 年代以降保守党政権下で政府（自治体）によるサービスの直接供給から民間委託へのシフト、補助金から（より厳密な成果を求める）契約へのシフト、（サービスを提供する）NPO に対するコントロールの強化がなされた（問題意識・問いに関する理論と動向。第 2 節参照）。

・こうした改革の流れに対応した NPO は、専門性を高めることによってサービスの水準を向上させたという評価もある。しかし、政府（自治体）との契約は、事務手続きの煩雑さ、（委託金額の低さ・契約期間の短さや更新の不

確実性に伴う）NPOの財政運営の不安定化、契約事業とNPO本来の事業の間での板挟み、仕事の発注者である政府（自治体）に対するアドボカシーの委縮、NPOの組織形態の官僚制化（組織へ参加の後退）等をもたらしたとされている（問題意識・問いに関する理論と動向。第2節参照）。
・こうした状況に対して、ブレア労働党政権成立以降にコンパクトやコード、ローカルコンパクトが策定されることになった。これらは政府とNPOの間での約束事および行動規範であるが、両セクター（の各組織）がコンパクトやコード、ローカルコンパクトをふまえて行動し、関係を持つことは、上記の問題の克服に資する可能性があるとともに、これらの枠組みを適切に機能させることができれば両セクター間の信頼関係の構築、両セクターにおける意識の向上をもたらす可能性もある（問題意識・問いに対する「解答」。第3節、第4節、第5節参照）。

第3章
・日本においても、近年さまざまな形の協働事業が広がりを見せ、今後もこの流れは維持されることが予想される。こうした協働事業は、サービスの質・量の向上、住民参加の促進、NPOの活動の幅やネットワークの広がり、NPO・行政双方の自己革新などに資する可能性があるが、事業の実態に関しては研究者および事業の当事者（NPO・行政）からさまざまな問題（行政がNPOを安価で利用しようとする傾向、行政によるNPOの専門性や視点の軽視、事業に関する基準や手続き・情報公開の問題、NPOの側の力量不足や「甘え」など）が指摘されている。そのため、こうした問題を克服し、NPOと行政が相乗効果を発揮するような形で協働事業を行うための実施方法が検討される必要がある（問題意識・問い。第1節、第2節参照）。
・事業委託において、NPOを単なる安上がりの下請けにすることなくNPOの自主性・創造性・先駆性を活かすためには、（公開性・公正性・審査委員の選考［と育成］に十分留意した）企画提案方式の導入、委託費の金額（積算）および支払い方法の見直し、仕様書の作成における行政とNPOの協

議・調整といったことが考えられる（問題意識・問いに対する「解答」。第3節参照）。
・補助金の提供にあたっては、過剰な関与によってNPOの自主性を損なわないようにしながらも、公開性・透明性と説明責任を確保する仕組みを構築することが重要となる。また、NPOが行政依存体質になることを防ぐためには、公開的な競争の導入、（行政の側による）協働相手と協働事業の絶えざる見直し、といったことが考えられる（問題意識・問いに対する「解答」。第4節参照）。
・また、NPOの視点や市民的な視点を損なわないような形で行政がNPOを支援するためには、活動のすそ野の拡大に関わるものについては積極的に行いつつも、市民活動の方向性に関わることについては間接的な形でサポートする、といった工夫が求められる（問題意識・問いに対する「解答」。第4節参照）。
・協働事業をさらに改善していくうえで、協働事業の評価とその結果のフィードバックが重要となる。そして評価にあたっては、コストパフォーマンスのみならず、プロセス（協働事業の当事者同士の関係性や事業の透明性）、協働事業の当事者の自己革新、市民参加、相乗効果の発揮といった観点からも評価を行うことなどが求められる（問題意識・問いに対する「解答」。第5節参照）。

第4章
・NPOは、政府（や企業）によっては対応が困難な問題の解決に貢献しうる存在として期待を集めるようになっている。実際に、多くのNPOが存在し、行政とも関わりを持つようになってきている。しかし、NPOの特性を発揮させる形で連携しなければ、「協働」という名の下でNPOが行政の「下請け化」する事態が生じる可能性もある。そこで、NPO（および行政）の特性を明確にした上で、その特性を適切に発揮させる形で協働事業を行うための方針や具体的制度について検討することが重要となる（問題意識・問

い。第1節参照)。
・NPO は、柔軟性・機動性・(自らの得意分野における) 専門性・先駆性・自主性・多元性・批判性といった特性をもつ一方で、財政基盤や組織力などの面では行政と比べると弱い。また、NPO が活動する際にもさまざまな費用がかかる。そのため、行政がこうしたコストについて十分認識することなく NPO を安上がりの行政のために利用しようとすれば、NPO に対してさまざまな問題をもたらす可能性がある (問題意識・問いに関する理論と動向。第2節参照)。
・「協働」は、当事者同士がお互いの価値や能力、資源、立場、批判(的意見)を尊重しながら相乗効果の発揮を目指して行われれば、NPO・行政・住民にとってさまざまな効果をもたらすことが期待できる。他方、もっぱら行財政改革の手段として政府・行政が NPO を取り込もうとし、NPO もそれに応じて「下請け化」すれば、NPO のもつ多様な社会的使命や機能・役割が損なわれる危険もある (問題意識・問いに関する理論と動向。第3節参照)。
・NPO の長所や機能を損なうことなく NPO と行政がパートナーシップを組むためには、協働に関する指針を明らかにした上で、それをふまえて NPO と行政が関係を構築することが重要となる。そして、それを可能にするための具体的な制度 (行政組織の整備や職員の教育、NPO と行政のコミュニケーションの活性化のための仕組みづくり等) が課題となる (問題意識・問いに対する「解答」。第4節参照)。

第5章
・NPO は、自らを取り巻く環境(制度)の影響を強く受けやすい存在でもある。そのため、その環境(制度)のあり方や、環境(制度)に対する対処のし方によっては、NPO の目標や組織形態、活動内容が行政組織や営利企業に接近してしまう可能性がある。そこで、NPO が政府(行政)や営利企業とは異なる独自の政治的・社会的機能を喪失することを防ぐための理論と

具体的方策（取り組み）について検討することが重要となる（問題意識・問い。第1節参照）。
・NPOは、多様かつ柔軟・迅速なサービスを供給しうる存在であるだけでなく、①社会問題の当事者の「居場所」の創出や潜在能力の活性化（エンパワーメント）、②市民参加の促進、③多様な価値観の表出と擁護、④アドボカシー（社会的に不利な立場にある人々の主張の代弁や政策提言）、⑤政府や市場のチェック、といった政治的・社会的機能を果たしうる存在である（問題意識・問いに関する理論と動向。第2節参照）。
・しかしながら、①NPOが十分な人的資源や運営能力を身につける前に事業委託に従事すること、②積算根拠が不明確で安価な委託事業を行政が設計すること、③政府主導の契約関係の下でNPOが官僚的な行動を学び身につけること、などによってNPOが行政の下請け化する（行政組織への制度的同型化が引き起こされる）可能性がある。また、①コスト削減を特に重視した形での競争的な政府資金の提供、②NPOの社会的機能に対する評価が（NPO・行政双方によって）軽視されることなどによって、NPOの過度な商業化が進む（営利企業への制度的同型化が引き起こされる）可能性がある（問題意識・問いに関する理論と動向。第3節参照）。
・NPOが行政の下請け化することを回避し、その独自性を発揮できるようにするためには、①行政・NPOの双方が委託事業や自らの活動にかかるコストを可能な限り適正に把握し、それを支払い／回収するための調査研究および議論を行うこと、②政府・行政とNPOが（セクターとして）適切なパートナーシップを築いていくための交渉の場をつくること、③公契約の際にNPOの活動によってもたらされるさまざまな付加価値を適切に評価する制度や政策を用意すること、などが考えられる。そして、NPOが営利企業への同型化（過度な商業化）を回避し、独自性を維持・発揮するためには、社会問題の当事者を含むステークホルダーを組織運営や活動内容の評価に積極的に参加させていくことを通じて、組織目標をたえず検証しつつ組織を活性化させていくことが重要となる（問題意識・問いに対する「解答」。第4

節参照)。
・上記のようなセクター間の交渉やNPOの(社会的機能の)評価においては、中間支援組織が積極的な役割を果たすことが期待される。しかし、中間支援組織は主にNPOを支援の対象とするNPOであるため、中間支援組織に対しても公的資金の供給とそれを受け取ることに対する正当性の証明が求められる。ここでもまた、政府・行政とNPOの関係性や、NPO(中間支援組織)内部でのアイデンティティの確立と自己革新が大きな課題となるのである(問題意識・問いに対する「解答」。第5節参照)。

　以上、本書では、NPOの政治的・社会的機能や長所・短所といった特質、そしてNPOと政府・行政との関係を主なテーマとして、理論と実際の動向、そしてそれをふまえた政策提言をまとめてきた。とはいえ、筆者は実際にNPOの運営に関与したことがなく、またNPO政策の現場にも関与したことがない。本書は、文献研究に基づいており、実際の現場で活動されている方々から見ると至らない点が多々あるかもしれない。今後もし機会があれば、インタビュー調査などもふまえてより実際の現場や団体について掘り下げた研究もしてみたいと考えている。

参考文献

IIHOE［人と組織と地球のための国際研究所］（2005）『第2回　都道府県、主要市におけるNPOとの協働環境に関する調査報告書』。

秋吉貴雄（2015）「政策決定と制度―行動のルールと構造は政策にどのような影響を及ぼすのか？」秋吉貴雄・伊藤修一郎・北山俊哉『公共政策学の基礎〔新版〕』有斐閣。

浅野令子（1999）「影響力分析（インパクト・アナリシス）―五つの機能と五つの欠点」NPO研究フォーラム『NPOが拓く新世紀―米ジョンズ・ホプキンス大学の「影響力分析」と日本のNPO』清文社。

安立清史（2008）『福祉NPOの社会学』東京大学出版会。

我孫子市管財課・市民活動支援課（2004）「NPOに委託して事業を行う場合の留意点」。

阿部圭宏（2003）「協働事業の企画と協議」新川達郎監修、「NPOと行政の協働の手引き」編集委員会編『NPOと行政の協働の手引き』大阪ボランティア協会出版部。

雨森孝悦（2012）『テキストブックNPO―非営利組織の制度・活動・マネジメント（第2版）』東洋経済新報社。

飯田真友美（2003）「NPOはどんな組織か」新川達郎監修、「NPOと行政の協働の手引き」編集委員会編『NPOと行政の協働の手引き』大阪ボランティア協会出版部。

伊佐淳（2008）『NPOを考える』創成社。

伊藤修一郎（1997）「NPO戦略と行政の関わり―米国マサチューセッツ州政府とエイズ・アドボカシーNPOの経験に学ぶ―」『都市問題』88（6）。

伊藤裕夫（1997）「NPOの実態と期待との狭間―欧米ならびに日本の動向から―」『都市問題』88（4）。

今井貴子（2011）「イギリスの公共サービス改革と社会的企業」大沢真理編『社会的経済が拓く未来―危機の時代に「包摂する社会」を求めて―』ミネルヴァ書房。

今井良広（2005）「イングランドにおけるローカル・コンパクトの展開―協働のプラットフォームとしての機能と役割」吉田忠彦編『地域とNPOのマネジメント』晃洋書房。

今瀬政司（2004）「市民主権・地域主権の確立を目指して―市民優位の協働戦略―」『市政研究』143。

今田忠（2003）「NPOとは何か」新川達郎監修、「NPOと行政の協働の手引き」編集委員会編『NPOと行政の協働の手引き』大阪ボランティア協会出版部。

牛山久仁彦（1998）「地方政府による市民セクター支援政策の現状と課題―NPO活動と行政の協働を進めるための自治体政策―」『法経論集』148。

牛山久仁彦（2006）「社会運動と公共政策―政策形成における社会運動のインパクトと『協働』政策の課題―」『社会学評論』57（2）。

牛山久仁彦（2007）「住民と行政の『協働』を考える—『協働』をめぐる議論の整理と今後の課題—」『季刊行政管理研究』119。

後房雄（2001）「自治体のNPO支援を考える—自治体の自己変革要因としてのNPO」『都市問題』92（9）。

後房雄（2003）「事業委託におけるNPO−行政関係の戦略論的考察—NPOは事業委託をどのようにマネージすべきか」市民フォーラム21・NPOセンター『事業委託におけるNPO−行政関係の実態と成熟への課題—全国のNPO法人への委託実態調査に基づいて—』。

後房雄（2004a）「自立と協働の両立は可能か—日本のNPOセクターが直面する課題—」『市政研究』143。

後房雄（2004b）「なぜコンパクトに注目するのか—日本のNPOセクターの転換点とイギリス・モデル」後房雄編『イギリスNPOセクターの契約文化への挑戦—コンパクトと行政−NPO関係の転換』市民フォーラム21・NPOセンター。

後房雄（2009a）「NPOと公共サービス改革—次の10年のスタート」『日本NPO学会ニューズレター』10（4）。

後房雄（2009b）『NPOは公共サービスを担えるか—次の10年への課題と戦略—』法律文化社。

後房雄編（2004）『イギリスNPOセクターの契約文化への挑戦—コンパクトと行政−NPO関係の転換』市民フォーラム21・NPOセンター。

後房雄・松井真理子編（2004）『事業委託のディレンマとNPOの戦略—協働の理念から実践へ』市民フォーラム21・NPOセンター。

碓井光明（2007）「協働と契約」『自治体学研究』95。

内山博史（2003）「協働の条件」新川達郎監修、「NPOと行政の協働の手引き」編集委員会編『NPOと行政の協働の手引き』大阪ボランティア協会出版部。

NPO推進北海道会議・北海道総合企画部政策室（2003）『協働50　Q＆Aハンドブック』。

NPOと行政の協働に関する実務者会議（2007）『〜あいち協働ルールブックの推進に向けて〜　行政からNPOへの委託事業の積算に関する提言』。

NPOと行政の協働に関する実務者会議（2010）『『あいち協働ルールブック2004』に基づくNPOと行政の協議・検討結果〜協働の更なる促進に向けて〜』。

NPOと行政の協働のあり方検討会議（2004）『あいち協働ルールブック2004〜NPOと行政の協働促進に向けて〜』。

遠藤知子（2014）「イギリス」山内直人・田中敬文・奥山尚子編『世界の市民社会2014』大阪大学大学院国際公共政策研究科NPO研究情報センター。

大久保規子（2002）「NPOと行政の法関係」山本啓・雨宮孝子・新川達郎編『NPOと法・行政』ミネルヴァ書房。

大阪府（2003）『NPO協働マニュアル（提案公募型事業マニュアル）』（第2版）。

大高研道（2009）「自立と協働の文化とNPO・社会的企業―『下請け化』批判を超えて―」馬頭忠治・藤原隆信編『NPOと社会的企業の経営学―新たな公共デザインと社会創造―』ミネルヴァ書房。

岡田章宏（2003）「イギリスにおける『市民的公共圏』の現代的変容―『契約文化』とボランタリー・セクター」森英樹編『市民的公共圏形成の可能性―比較憲法的研究をふまえて』日本評論社。

岡部一明（2000）『サンフランシスコ発：社会変革NPO』御茶の水書房。

奥野修（2005）「パートナーシップ確立のプロセス・マネジメント―滋賀協働モデルの取り組みから」『NIRA政策研究』18（2）。

傘木宏夫（2005）「公共部門における環境NGO・NPOの役割を考える」横倉節夫・自治体問題研究所編『公民の協働とその政策課題』自治体研究社。

風間規男（2011）「公的ガバナンスと政策ネットワーク―複雑系理論を手がかりとして―」新川達郎編『公的ガバナンスの動態研究―政府の作動様式の変容―』ミネルヴァ書房。

柏木宏（2008）『NPOと政治―アドボカシーと社会変革の新たな担い手のために』明石書店。

粕谷信次（2008）「金谷信子著『福祉のパブリック・プライベート・パートナーシップ』を読んで」『大原社会問題研究所雑誌』594。

粕谷信次（2009）『社会的企業が拓く市民的公共性の新次元（増補改訂版）―持続可能な経済・社会システムへの「もう一つの構造改革」―』時潮社。

金川幸司（2003）「自治体とNPOとのパートナーシップについて―イギリスのコンパクトモデルを中心に―」『社会・経済システム』24。

金川幸司（2006）「自治体とNPOの協働とその評価」立岡浩編『公民パートナーシップの政策とマネジメント』ひつじ書房。

金川幸司（2007）「協働における評価の現状と課題」『自治体学研究』95。

金川幸司（2008）『協働型ガバナンスとNPO―イギリスのパートナーシップ政策を事例として―』晃洋書房。

金川幸司（2013）「イギリスのパートナーシップ型地域再生政策の評価―第三の道とビッグソサエティ」日本地方自治学会編『「新しい公共」とローカル・ガバナンス』（地方自治叢書25）、敬文堂。

金谷信子（2007）『福祉のパブリック・プライベート・パートナーシップ』日本評論社。

川北秀人（2004）「審査会・選考委員会が決めるべきこと」『NPOマネジメント』33。

川口清史（1994）『非営利セクターと協同組合』日本経済評論社。

川口清史（1997）「アメリカの非営利セクター論」富沢賢治・川口清史編『非営利・協同セクターの理論と現実―参加型社会システムを求めて―』日本経済評論社。

川口清史（1999）『ヨーロッパの福祉ミックスと非営利・協同組織』大月書店。

川崎市（2001）『川崎市市民活動支援指針―市民との協働のまちづくりのために―』。
川野祐二（2004）「協働、パートナーシップ、ネットワーク」田尾雅夫・川野祐二編『ボランティア・NPOの組織論―非営利の経営を考える―』学陽書房。
北島健一（2002）「福祉国家と非営利組織―ファイナンス／供給分離モデルの再考」宮本太郎編『福祉国家再編の政治』ミネルヴァ書房。
木原勝彬（2003）「NPOと行政の協働とは何か」新川達郎監修、「NPOと行政の協働の手引き」編集委員会編『NPOと行政の協働の手引き』大阪ボランティア協会出版部。
久住剛（1997a）「NPOと自治体行政～NPOの自発性を活かした関係～」山岡義典編『NPO基礎講座～市民社会の創造のために～』ぎょうせい。
久住剛（1997b）「市民活動・NPOと自治体―社会システムと行政改革を視野に」自治体学会編『自立する市民と自治体』（年報自治体学 第10号）、良書普及会。
久住剛（2005）「『NPO－行政関係』原論」山岡義典編『NPO基礎講座［新版］』ぎょうせい。
桑田耕太郎・田尾雅夫（2010）『組織論〔補訂版〕』有斐閣。
サラモン、L. M.（入山映訳）（1994）『米国の「非営利セクター」入門』ダイヤモンド社。
サラモン、L. M.（山内直人訳）（1999）『NPO最前線　岐路に立つアメリカ市民社会』岩波書店。
サラモン、L. M.（江上哲監訳）（2007）『NPOと公共サービス―政府と民間のパートナーシップ―』ミネルヴァ書房。
椎野修平（2003）「地方自治体とNPO」上條茉莉子・椎野修平編『NPO解体新書　生き方を編み直す』公人社。
シーズ＝市民活動を支える制度をつくる会（2003）『―NPO立県千葉実現のための基礎調査―地方自治体のNPO支援策等に関する基礎調査』（平成14年度千葉県委託調査）。
静岡市（2006）『職員のためのNPOと行政の協働事業推進マニュアル』（改定版）。
芝原浩美（2005）「事例から学ぶ、自治体の協働『環境』づくり」『NPOマネジメント』35。
市民フォーラム21・NPOセンター（2003）『事業委託におけるNPO－行政関係の実態と成熟への課題―全国のNPO法人への委託実態調査に基づいて―』。
ジョンソン、N.（青山郁夫・山本隆監訳）（2002）『グローバリゼーションと福祉国家の変容―国際比較の視点』法律文化社。
菅原邦昭（2006）「地方公共団体との協働とコミュニティビジネスの進め方」菅原邦昭・山崎承三『成功する！NPOビジネス　設立・運営からパブリックビジネスでの成功まで』学陽書房。
直田春夫（2003）「協働事業の実施と評価」新川達郎監修、「NPOと行政の協働の手

引き」編集委員会編『NPO と行政の協働の手引き』大阪ボランティア協会出版部。
須田木綿子（2004）「社会福祉領域における民間非営利組織の日米比較—アカウンタビリティジレンマの視点から」『季刊家計経済研究』61。
須田木綿子（2005）「公的対人サービス領域における行政役割の変化と『NPO』」福祉社会学研究編集委員会編『福祉社会学研究』2、東信堂。
世古一穂（2005a）「協働の質を評価する—協働評価の社会化に向けて」『NIRA 政策研究』18（12）。
世古一穂（2005b）「参加協働型社会へのパラダイムシフト—パートナーシップを支える協働のルールづくり—」『NIRA 政策研究』18（2）。
仙台 NPO 研究会編（1999）『公務員のための NPO 読本』ぎょうせい。
せんだい・みやぎ NPO センター監修、仙台市（2005）『仙台協働本—協働を成功させる手引き—』。
総務省（2005）『「住民等と行政との協働」に関する調査（最終報告）』。
田尾雅夫（1999）『ボランタリー組織の経営管理』有斐閣。
田尾雅夫（2001）『ボランティアを支える思想　超高齢社会とボランタリズム』アルヒーフ。
田尾雅夫（2011）『市民参加の行政学』法律文化社。
高橋秀行（2013）「協働の進め方」高橋秀行・佐藤徹編『新説　市民参加〔改定版〕』公人社。
田中逸郎（2003）「協働の手法と支援の関係」新川達郎監修、「NPO と行政の協働の手引き」編集委員会編『NPO と行政の協働の手引き』大阪ボランティア協会出版部。
田中建二（1999a）「行政 - NPO 関係論の展開（一）—パートナーシップ・パラダイムの成立と展開—」『名古屋大学法政論集』178。
田中建二（1999b）「行政 - NPO 関係論の展開（二）完—パートナーシップ・パラダイムの成立と展開—」『名古屋大学法政論集』179。
田中充（2003）「自治体環境政策における市民と行政の協働」岡本義行編『政策づくりの基本と実践』法政大学出版局。
田中弥生（1999）『「NPO」幻想と現実—それは本当に人々を幸福にしているのだろうか？』同友館。
田中弥生（2006）『NPO が自立する日　行政の下請け化に未来はない』日本評論社。
田中弥生（2008）『NPO 新時代—市民性創造のために』明石書店。
田中弥生（2011）「強く自立した NPO へ—民が担う公共領域の好循環」坪郷實・中村圭介編『新しい公共と市民活動・労働運動』明石書店。
谷本寛治（2002）「NPO と企業の新しい関係」谷本寛治・田尾雅夫編『NPO と事業』ミネルヴァ書房。
地球産業文化研究所（受託：IIHOE［人と組織と地球のための国際研究所］）（2004）

『「協働のための企業・自治体の視点からの NPO 評価」調査報告書　企業・行政と NPO のより深い協働を目指して』（平成 15 年度　日本自転車振興会補助事業）。

ディーキン、N.（後房雄訳）（2004）「特別インタビュー　コンパクトの生みの親ディーキン教授に聞く」後房雄編『イギリス NPO セクターの契約文化への挑戦—コンパクトと行政 – NPO 関係の転換』市民フォーラム 21・NPO センター。

塚本一郎（2004）「NPO の経済・政治理論」塚本一郎・古川俊一・雨宮孝子編『NPO と新しい社会デザイン』同文舘出版。

塚本一郎（2006）「イギリスにおける NPO と政府のパートナーシップ」『リーガル・エイド研究』12。

塚本一郎（2007）「［事例研究］　イギリスにおけるパートナーシップ政策の現状」『自治体学研究』95。

東京都（2001）『東京都における社会貢献活動団体との協働～協働の基本指針～』。

十枝真弓（2007）「NPO と行政の協働」村尾信尚監修、澤昭裕編『無名戦士たちの行政改革—WHY NOT の風』関西学院大学出版会。

内閣府（2004）『コミュニティ再興に向けた協働のあり方に関する調査』（平成 15 年度内閣府委託調査、日本リサーチ総合研究所受託）。

内閣府（2007）『平成 18 年度市民活動団体基本調査報告書（特定非営利活動法人と官とのパートナーシップに関する基礎調査）』。

内閣府（2008）『平成 19 年度市民活動団体基本調査報告書（市民活動への参加や支援に必要な情報に関する調査）』。

内閣府編（2004）『平成 16 年版国民生活白書　人のつながりが変える暮らしと地域—新しい「公共」への道』国立印刷局。

内藤達也（2006）「指定管理者制度と NPO」岡田浩一・藤江昌嗣・塚本一郎編『地域再生と戦略的協働—地域ガバナンス時代の NPO・行政の協働』ぎょうせい。

永井伸美（2005）「イギリスにおける政府とボランタリーセクターの協働—ナショナル・コンパクトの挑戦—」『同志社法学』308。

永井伸美（2010）「『ナショナル・コンパクト』と労働党政権—イギリスにおける政府とボランタリーセクターの関係」『同志社法学』341。

永田祐（2004）「政府とボランタリーセクターの協働の可能性—イングランドにおけるコンパクトの制定およびその後の動向の分析を通じて—」『社会福祉学』45（1）。

新川達郎（2002）「市民・NPO・行政の新たなガバナンス」山本啓・雨宮孝子・新川達郎編『NPO と法・行政』ミネルヴァ書房。

新川達郎（2005）「市民社会組織と行政のパートナーシップの在り方」『NIRA 政策研究』18（2）。

新川達郎（2011）「公的ガバナンス論の展開と課題」岩崎正洋編『ガバナンス論の現在　国家をめぐる公共性と民主主義』勁草書房。

新川達郎監修、「NPO と行政の協働の手引き」編集委員会編（2003）『NPO と行政の

協働の手引き』大阪ボランティア協会出版部.
西啓一郎・金川幸司 (2005)「自治体の協働政策に関する一考察〜日本と米国の事例を中心に〜」『鹿児島大学法学論集』39 (2).
西村万里子 (2004)「NPO／政府のパートナーシップとニューパブリックマネジメント型改革 イギリスにおけるボランタリー組織政策をとおして」塚本一郎・古川俊一・雨宮孝子編『NPOと新しい社会デザイン』同文舘出版.
西山志保 (2001)「市民活動団体の『アドボカシー』機能・再考―『ニーズ充足』の視点から―」現代社会理論研究会編『現代社会理論研究』11、人間の科学新社.
日本NPOセンター編 (2006)『知っておきたいNPOのこと―信頼されるNPOの7つの条件 NPO基礎知識Q＆A』(第2版)、日本NPOセンター.
橋本理 (2013)『非営利組織研究の基本視角』法律文化社.
バッジ、I. (杉田敦・上田道明・大西弘子・松田哲訳) (2000)『直接民主政への挑戦―電子ネットワークが政治を変える』新曜社.
初谷勇 (2001)『NPO政策の理論と展開』大阪大学出版会.
服部篤子・待場智雄 (1999)「英国での試み"コンパクト"―政府とボランタリーセクターの新たな関係―」『公益法人』28 (3).
馬場英朗 (2011a)「ACEVOのフルコスト・リカバリー・ツール」後房雄編『フルコスト・リカバリー（総費用の回収）―サードセクターが公共サービスを担うために―』日本サードセクター経営者協会.
馬場英朗 (2011b)「中央省庁の事例」後房雄編『フルコスト・リカバリー（総費用の回収）―サードセクターが公共サービスを担うために―』日本サードセクター経営者協会.
馬場英朗 (2013)『非営利組織のソーシャル・アカウンティング 社会価値会計・社会性評価のフレームワーク構築に向けて』日本評論社.
バブ、S. (2011a)「イギリスにおける公共サービス改革とサードセクター」後房雄編『フルコスト・リカバリー（総費用の回収）―サードセクターが公共サービスを担うために―』日本サードセクター経営者協会.
バブ、S. (2011b)「イギリスのサードセクターの新しい挑戦」後房雄編『フルコスト・リカバリー（総費用の回収）―サードセクターが公共サービスを担うために―』日本サードセクター経営者協会.
原田晃樹 (2010a)「英国におけるサード・セクターに対する公的資金」原田晃樹・藤井敦史・松井真理子『NPO再構築への道 パートナーシップを支える仕組み』勁草書房.
原田晃樹 (2010b)「英国におけるパートナーシップ政策」原田晃樹・藤井敦史・松井真理子『NPO再構築への道 パートナーシップを支える仕組み』勁草書房.
原田晃樹 (2010c)「日本におけるNPOへの資金提供―自治体の委託を中心に―」原田晃樹・藤井敦史・松井真理子『NPO再構築への道 パートナーシップを支える

仕組み』勁草書房。

原田晃樹（2013a）「新しい公共における政府・自治体とサード・セクターのパートナーシップ」日本地方自治学会編『「新しい公共」とローカル・ガバナンス』（地方自治叢書 25）、敬文堂。

原田晃樹（2013b）「サード・セクターと政府セクターの協働―日英の政策動向とアカウンタビリティ」藤井敦史・原田晃樹・大高研道編『闘う社会的企業―コミュニティ・エンパワーメントの担い手』勁草書房。

原田晃樹・藤井敦史（2010）「NPO と政府との協働」原田晃樹・藤井敦史・松井真理子『NPO 再構築への道　パートナーシップを支える仕組み』勁草書房。

評価システム研究会（2002）『レポート 2002　NPO と評価―評価でつくる NPO パワー――評価システム研究会研究報告書』。

深尾昌峰（2005）「インターミディアリー」川口清史・田尾雅夫・新川達郎編『よくわかる NPO・ボランティア』ミネルヴァ書房。

福嶋浩彦（2005）『市民自治の可能性〜 NPO と行政　我孫子市の試み〜』ぎょうせい。

藤井敦史（1999）「『市民事業組織』の社会的機能とその条件―市民的専門性」角瀬保雄・川口清史編『非営利・協同組織の経営』ミネルヴァ書房。

藤井敦史（2007）「ボランタリー・セクターの再編成過程と『社会的企業』―イギリスの社会的企業調査をふまえて」『社会政策研究』編集委員会編『社会政策研究』7、東信堂。

藤井敦史（2009）「社会集団と組織（NPO）」岩田正美・大橋謙策・白澤政和監修、三本松政之・杉岡直人・武川正吾編『社会理論と社会システム』ミネルヴァ書房。

藤井敦史（2010a）「英国における地域インフラストラクチャー組織の機能―GAVCA の事例から―」原田晃樹・藤井敦史・松井真理子『NPO 再構築への道　パートナーシップを支える仕組み』勁草書房。

藤井敦史（2010b）「NPO とは何か」原田晃樹・藤井敦史・松井真理子『NPO 再構築への道　パートナーシップを支える仕組み』勁草書房。

藤井敦史（2010c）「『社会的企業』とは何か―2つの理論的潮流をめぐって―」原田晃樹・藤井敦史・松井真理子『NPO 再構築への道　パートナーシップを支える仕組み』勁草書房。

藤井敦史（2010d）「地域密着型中間支援組織の機能とその課題―CS 神戸を事例として―」原田晃樹・藤井敦史・松井真理子『NPO 再構築への道　パートナーシップを支える仕組み』勁草書房。

藤井敦史（2010e）「日本における社会的企業概念の受容と研究の課題」原田晃樹・藤井敦史・松井真理子『NPO 再構築への道　パートナーシップを支える仕組み』勁草書房。

藤井敦史（2010f）「はじめに」原田晃樹・藤井敦史・松井真理子『NPO 再構築への道　パートナーシップを支える仕組み』勁草書房。

藤井敦史（2013a）「NPOとコミュニティ・エンパワーメント」坂田周一監修、浅井春夫・三本松政之・濁川孝志編『新・コミュニティ福祉学入門』有斐閣。
藤井敦史（2013b）「企業サイド・アプローチの批判的検討」藤井敦史・原田晃樹・大高研道編『闘う社会的企業—コミュニティ・エンパワーメントの担い手』勁草書房。
藤井敦史（2013c）「社会的企業のハイブリッド構造と社会的包摂」藤村正之編『協働性の福祉社会学　個人化社会の連帯』東京大学出版会。
藤井敦史（2013d）「ハイブリッド構造としての社会的企業」藤井敦史・原田晃樹・大高研道編『闘う社会的企業—コミュニティ・エンパワーメントの担い手』勁草書房。
藤井敦史（2013e）「ハイブリッド構造を可能にするために—欧州WISEの実態から見えてきた理論的課題」藤井敦史・原田晃樹・大高研道編『闘う社会的企業—コミュニティ・エンパワーメントの担い手』勁草書房。
藤田由紀子（1998）「NPO」森田朗編『行政学の基礎』岩波書店。
古川俊一（2004）「NPOと行政：公共経営とガバナンス」塚本一郎・古川俊一・雨宮孝子編『NPOと新しい社会デザイン』同文舘出版。
堀田和宏（2012）『非営利組織の理論と今日的課題』公益情報サービス。
毎熊浩一（2005）「協働幻想論—NPO政策の批判的実践的規準」『島大法学』49（2）。
毎熊浩一（2007）「市民の行政統制術・鼎談編　『まちドック』からみた松江市行政経営の一断面」『季刊行政管理研究』118。
松井真理子（2003）「NPOセクターと公的資金—地方分権と『新しい公共』の視点から—」『四日市大学総合政策学部論集』3（1・2）。
松井真理子（2004a）「新たな市民参加システムのあり方　イギリスの事例との比較から」『月刊自治研』532。
松井真理子（2004b）「コンパクト5年間の軌跡」後房雄編『イギリスNPOセクターの契約文化への挑戦—コンパクトと行政－NPO関係の転換』市民フォーラム21・NPOセンター。
松井真理子（2004c）「自治体とNPOとの新たな関係　イギリスのコンパクトの経験から」『月刊自治研』535。
松井真理子（2006a）「自治体における『新しい公共』とNPOの社会変革性—NPOセクター会議の設立に向けて—」『四日市大学総合政策学部論集』5（1・2）。
松井真理子（2006b）「自治体における『新しい公共』をめぐるNPOの現状と課題」『法の科学』37。
松井真理子（2010a）「NPOと自治体との契約の現状と課題—フルコスト・リカバリーの可能性を中心に—」原田晃樹・藤井敦史・松井真理子『NPO再構築への道　パートナーシップを支える仕組み』勁草書房。
松井真理子（2010b）「協働を促進する中間支援組織—NPOセクター会議—」原田晃樹・藤井敦史・松井真理子『NPO再構築への道　パートナーシップを支える仕組み』勁草書房。

松下啓一（2002）『新しい公共と自治体　自治体はなぜNPOとパートナーシップを組まなければいけないのか』信山社。

松原明（2004）「NPOに必要な支援とは何か？　自治体による支援の問題点」『月刊自治研』535。

松本美穂（2002）「自治体のNPOへの事業委託の課題と方向性」『月刊地方自治職員研修』35（8）。

的場信敬編（2008）『政府・地方自治体と市民社会の戦略的連携―英国コンパクトにみる先駆性―』公人の友社。

眞鍋貞樹（2009）『NPOのチャレンジ』一藝社。

水島正起（2013）「行政との協働」山内直人・田中敬文・奥山尚子編『NPO白書2013』大阪大学大学院国際公共政策研究科NPO研究情報センター。

宮崎県（2006）『NPOとの協働指針～対等なパートナーシップによる新しい公共を目指して～』。

宮城孝（1998）「イギリスにおけるコミュニティケア改革と民間非営利組織―契約方式の導入による組織運営のあり方をめぐって―」『地域福祉研究』26。

宮城孝（2000）『イギリスの社会福祉とボランタリーセクター――福祉多元化における位置と役割―』中央法規出版。

武藤博己（2001）「協働社会の構成」武藤博己編『分権社会と協働』ぎょうせい。

村田文世（2012）「社会福祉における公私協働とNPOの社会的機能」『社会福祉学』53（2）。

村山浩一郎（2001）「非営利組織と社会的監査―英国スコットランドの事例から―」『社会福祉学』41（2）。

明治大学経営学研究所（2005）『地域づくりにおけるNPO・自治体の協働の事業化・制度化・システム化の現状に関する全国自治体アンケート調査報告書』。

森西宏巳・田中幹也（2003）「三重のくにづくりとNPO」澤昭裕・経済産業研究所『公を担う主体としての民』研究グループ編『民意民力　公を担う主体としてのNPO／NGO』東洋経済新報社。

八木橋慶一（2012）「英国における社会的企業のアウトカム評価に関する一考察」『近畿医療福祉大学紀要』13（2）。

山内直人（2000）「NPOの経営基盤強化と自治体の役割」『都市問題』91（1）。

山岡義典（2000）「NPOと自治体はなぜ連携する必要があるのか」『都市問題』91（1）。

山岡義典（2005）「NPOに求められる人と金のマネジメント」山岡義典編『NPO基礎講座［新版］』ぎょうせい。

山岡義典（2011）「社会福祉における市民セクターの意義と課題―3.11と改正NPO法を見据えて―」『社会福祉研究』112。

山岸秀雄（2004）「新しい『協働』とNPOの役割」NPOサポートセンター監修、山岸秀雄・菅原敏夫・粉川一郎編『NPOと行政・協働の再構築　これまでの10年、

これからの10年』第一書林。

山口道昭（2006）「第1章第2節　協働的行政の行為形式」山口道昭編『協働と市民活動の実務』ぎょうせい。

横浜市（1999）「横浜市における市民活動との協働に関する基本方針」（横浜コード）。

吉田忠彦（2003）「模倣的同型化と戦略的対応―大阪NPOプラザの事例から―」『商経学叢』49（3）。

レイド、E. J.（2007）「NPO・アドボカシーと政治参加」ボリス、E. T.、スターリ、C. E. 編（上野真城子・山内直人訳）『NPOと政府』ミネルヴァ書房。

若林正秋（2009）「行政とNPOの協働に関する一考察―先行研究の整理と論点の提示―」『政策科学』17（1）。

渡辺博明（2000）「ニュー・ポリティクスとポスト福祉国家の社会福祉」賀来健輔・丸山仁編『ニュー・ポリティクスの政治学』ミネルヴァ書房。

DiMaggio, Paul J. and Powell, Walter W. (1983) "The Iron Cage Revisited : Institutional Isomorphism and Collective Rationality in Organizational Fields," *American Sociological Review*, 48 (2).

Douglas, James (1987) "Political Theories of Nonprofit Organization," Powell, Walter W. (ed.), *The Nonprofit Sector : A Research Handbook*, Yale University Press.

Gidron, Benjamin, Kramer, Ralph M. and Salamon, Lester M. (1992) "Government and the Third Sector in Comparative Perspective : Allies or Adversaries?," Gidron, Benjamin, Kramer, Ralph M. and Salamon, Lester M. (eds.), *Government and the Third Sector : Emerging Relationships in Welfare States*, Jossey-Bass Publishers.

Gutch, Richard (1992) *Contracting Lessons from the US*, NCVO Publications.

Home Office and CWG (2000a) *Consultation and Policy Appraisal : A Code of Good Practice*, Home Office.

Home Office and CWG (2000b) *Funding and Procurement : A Code of Good Practice*, Home Office.

Home Office and CWG (2001a) *Black and Ethnic Minority Organisations : A Code of Good Practice*, Home Office.

Home Office and CWG (2001b) *Volunteering : A Code of Good Practice*, Home Office.

Home Office and CWG (2003) *Community Groups : A Code of Good Practice*, Home Office.

Home Office and WGGR (1998) *Compact on Relations between Government and the Voluntary and Community Sector in England*, Home Office.（待場智雄訳（2004）「コンパクト―官民関係の正しい理解へ　英国政府とボランタリー＆コミュニティ・セクターとの関係におけるイングランド内でのコンパクト（盟約）」後房雄・松井真理子編『事業委託のディレンマとNPOの戦略―協働の理念から実践へ』市民

フォーラム 21・NPO センター。)
James, Estelle (1987) "The Nonprofit Sector in Comparative Perspective," Powell Walter W. (ed.), *The Nonprofit Sector : A Research Handbook*, Yale University Press.
Labour Party (1997) *Building the Future Together : Labour's Policies for Partnership between Government and the Voluntary Sector.*
Le Grand, Julian and Bartlett, Will (1993) "Introduction," Le Grand, Julian and Bartlett, Will (eds.), *Quasi-Markets and Social Policy*, Macmillan.
Lewis, Jane (1999) "The Voluntary Sector and the State in Twentieth Century in Britain," Faucett, Helen and Lowe, Rodney (eds.), *Welfare Policy in Britain : the Road from 1945*, Macmillan.
NCVO (1996) *Meeting the Challenge of Change : Voluntary Action into the 21st Century.*
Saidel, Judith R. (1991) "Resource Interdependence : The Relationship between State Agencies and Nonprofit Organizations," *Public Administration Review*, 51 (6).
Salamon, Lester M. (1987) "Partners in Public Service: the Scope and Theory of Government − Nonprofit Relations," Powell, Walter W. (ed.), *The Nonprofit Sector : A Research Handbook*, Yale University Press.
Salamon, Lester M. (1989) "The Changing Tools of Government Action : An Overview," Salamon, Lester M. (ed.), *Beyond Privatization : The Tools of Government Action*, The Urban Institute Press.
Sandwell Metropolitan Borough Council (1999) *The Sandwell Compact : Defining Relations between Sandwell Council, Sandwell Regeneration Partnership and the Voluntary and Community Sector.*
Tsukamoto, Ichiro (2012) "The Potential of Nonprofit − Government Partnership for Promoting Citizen Involvement," Pestoff, Victor , Brandsen, Taco, and Verschuere, Bram (eds.), *New Public Governance, the Third Sector and Co-Production*, Routledge.
Weisbrod, Burton A. (1977) *The Voluntary Nonprofit Sector : An Economic Analysis*, Lexinton Books.
Weisbrod, Burton A. (1986) "Toward a Theory of the Voluntary Nonprofit Sector in a Three-Sector Economy," Rose-Ackerman, Susan (ed.), *The Economics of Nonprofit Institutions : Studies in Structure and Policy*, Oxford University Press.
WGGRS (Working Group on Government Relations Secretariat) and LGA (2000) *Local Compact Guidelines : Getting Local Relationships Right Together*, NCVO.

人名索引

サッチャー (Thatcher, M.)　27, 28, 42
サラモン (Salamon, L.M.)　10-12, 85, 87, 94, 106, 123
ジェイムズ (James, E.)　83, 84
ディーキン (Deakin, N.)　31
ブラウン (Brown, G.)　96
ブレア (Blair, T.)　31, 32, 34, 42, 125
メージャー (Major, J.)　29
レーガン (Reagan, R.)　112
ワイズブロッド (Weisbrod, B.A.)　6, 83

事項索引

あ 行

あいち協働ルールブック 2004　18, 43-45, 59, 74, 96
アカウンタビリティ (→説明責任)　16, 19, 28, 33, 34, 43, 69, 73, 74, 113, 117, 119
「新しい公共」　82, 103
アドボカシー　8, 13, 15-17, 27, 30, 43, 66, 87, 95, 96, 105, 107, 117, 122-125, 128
委託金額　63, 124
委託契約（事業委託契約）　28, 32, 42, 43, 110, 111, 113, 117
委託事業　19, 44, 60, 82, 95, 110-112, 128
委託事業収入（受託事業収入）　15, 50
委託費（事業委託費、委託料）　19, 50, 51, 64, 115, 125
イノベーション (→革新)　8
インターミディアリ (→インフラストラクチャー・オーガニゼーション；中間支援組織)　31, 39
インフラストラクチャー・オーガニゼーション (→インターミディアリ；中間支援組織)　17, 31

営利企業化　14, 43, 103, 104, 121
NPO セクター (→非営利セクター)　15, 51, 116, 117, 121, 122
エンパワーメント　5, 11, 105, 106, 114, 128

か 行

会費　15, 50, 51, 95
会費収入　15, 113
外部委託　62
革新 (→イノベーション)　8, 12, 94, 123
間接経費（間接諸経費、間接費）　30, 36, 63, 64, 115, 116
官僚制化　43, 95, 114, 125
企画提案方式 (→提案公募型；プロポーザル方式)　125
寄付（寄附、寄付金）　7, 10, 15, 30, 50, 51, 69, 72, 73, 87, 94, 95, 103, 104, 106, 112, 114
寄付者　69, 72, 110, 121
競合パラダイム　5, 6
競争入札　60, 65, 113
協働事業　18, 43, 44, 49-51, 53, 54, 57, 59, 61, 62, 65, 69, 70, 72-77, 81, 92, 97, 98, 125, 126

143

索　引

公的補助　7
コード　34-37, 40, 43, 59, 96, 116, 125
コンパクト　31, 32, 34, 35, 37-45, 59, 96, 116, 125

　　　　　さ　行

サード・セクター　117-119
事業委託（委託）　15, 19, 25, 27, 49, 56, 59, 60, 62-65, 68, 72, 73, 81, 91, 95, 104, 110, 115, 116, 124, 125, 128
自主財源　15
自主事業　15, 67, 95, 111
自主事業収入（事業収入）　15, 50, 51, 103, 104, 112, 113
下請け化（下請化）　15, 61, 64, 65, 95, 104, 110-112, 115, 117, 121, 122, 126-128
指定管理者　50
市民オンブズマン　13, 107
使命（社会的使命）（→ミッション）　14, 86, 93, 95, 103, 104, 111, 112, 117, 119, 127
社会監査　119, 120
社会的企業　110, 114, 120, 122
準公共財　83, 84
商業化　112, 114, 115, 118, 128
仕様書　64, 65, 125
随意契約（特命随意契約）　64, 118
ステークホルダー　33, 34, 43, 97, 118-120, 128
制度選択論　6
制度の同型化（同型化）　109-115, 118-122, 128
説明責任（→アカウンタビリティ）　29, 68, 97, 107, 120, 126

　　　　　た　行

第三者政府　85
中位投票者　6, 83
中間支援組織（→インターミディアリ；インフラストラクチャー・オーガニゼーション）　20, 31, 63, 70, 71, 115, 116, 121, 122, 129
直接経費（直接費）　30, 36, 63, 64, 115, 116
提案公募型（→企画提案方式；プロポーザル方式）　63, 65, 98

　　　　　は　行

パートナーシップ　7, 20, 34, 39, 42, 43, 53, 85, 86, 91, 93, 94, 96, 97, 99, 117, 127, 128
パートナーシップ・パラダイム　6
非営利セクター（→NPOセクター）　6, 7, 11, 12, 17, 81, 86, 113, 123
フルコスト・リカバリー　115-117
プロポーザル方式（→提案公募型；企画提案方式）　61
補助　19, 20, 56, 57, 67-70, 72, 92, 112
補助金　12, 19, 27, 28, 39, 40, 50, 51, 67, 68, 70, 71, 104, 113, 124, 126
ボランタリーセクター　26, 28, 29, 31-37, 39, 40, 42, 43, 96
ボランタリーおよびコミュニティセクター　26, 31-38, 42
ボランタリーの失敗　10, 11, 14, 87, 123
ボランティア　5, 10, 11, 14, 29, 32-37, 54, 55, 69, 71, 72, 87, 88, 92, 94-96, 98, 104, 106, 111, 112, 114, 119, 121

索　引

ま　行

ミッション（→使命（社会的使命））
　　　15, 16, 55, 86, 103, 104, 114, 121, 124
民営化　　3, 27, 124
民間委託　　3, 27, 124

や　行

安上がりの行政　　13, 89, 127

ら　行

レッドテープ　　84
ローカルコンパクト　　38-41, 43, 59, 96, 125

【著者紹介】

廣 川 嘉 裕（ひろかわ・よしひろ）

関西大学法学部教授
早稲田大学大学院政治学研究科政治学専攻博士後期課程　所定単位修得後退学

主要業績
『現代日本の政治―政治過程の理論と実際―』（ミネルヴァ書房、2009 年）（共著）
『ブレアのイギリス　1997-2007』（関西大学出版部、2012 年）（共監訳）

政府－NPO 関係の理論と動向
―日・英・米におけるパートナーシップ政策を中心に

2017 年 7 月 31 日　第 1 刷発行
2018 年 11 月 15 日　第 2 刷発行

著　者　　廣　川　嘉　裕

発行所　　関 西 大 学 出 版 部
〒564-8680　大阪府吹田市山手町 3-3-35
電話 06-6368-1121　FAX 06-6389-5162

印刷所　　協 和 印 刷 株 式 会 社
〒615-0052　京都市右京区西院清水町 13

Ⓒ 2017　Yoshihiro HIROKAWA　　　　　　　　　　　Printed in Japan

ISBN 978-4-87354-659-9　C3031　　　　　乱丁・落丁はお取替えいたします